HOW TO BE PARISIAN
WHEREVER YOU ARE
*
LOVE, STYLE, *and* BAD HABITS

パリジェンヌのつくりかた

カロリーヌ・ド・メグレ、アンヌ・ベレスト、
オドレイ・ディワン、ソフィ・マス
古谷ゆう子訳

早川書房

HOW TO BE PARISIAN WHEREVER YOU ARE
Love, Style, and Bad Habits
by
Anne Berest, Audrey Diwan, Caroline de Maigret
and Sophie Mas

Translated by
Yuko Furuya
First published 2014 in Japan by
Hayakawa Publishing, Inc.
This book is published in Japan by
arrangement with
Susanna Lea Associates
through Japan Uni Agency, Inc., Tokyo.

ブックデザイン：吉村亮＋眞柄花穂＋大橋千恵（Yoshi-des.）

A story should have a beginning, a middle and an end, but not necessarily in that order.

—JEAN-LUC GODARD

物語には、始まり、中盤、そして終わりがある。
だが、必ずしもその順を踏む必要はない。

——ジャン＝リュック・ゴダール

CONTENTS

1.
GET THE BASICS
パリジェンヌの基本

2.

OWN YOUR BAD HABITS

悪習のススメ

3.

CULTIVATE YOUR ALLURE

パリジェンヌな“雰囲気”の作りかた

4.

DARE TO LOVE

あえて好きになってみる

5.

PARISIAN TIPS

パリジェンヌからのアドバイス

イントロダクション

パリジェンヌは、生まれつきスタイルがいいだとか、つき合いやすい人々だとか、パーフェクトな母親だとか言われがちだ。だけど、この際声を大にして言いたい。そんなのは「ぜんぶ、違う」と。パリジェンヌは生まれつきスタイルがいいわけでも、誰とでも仲良くできるわけでも、完璧な母親なんかでもない。本当のパリジェンヌは、パーフェクトからはほど遠い。鈍いし、大雑把だし、いつもいつも誠実に生きているわけでもない。でも同時に、何かと話が面白くて、人のことによく気がつき、好奇心が旺盛で、フランス的「アール・ド・ヴィーヴル〔人生の楽しみかた〕」が遺伝子に組み込まれている面は確かにあると思う。

海外へ出ると、いつも同じような質問が投げかけられる。「そのノンシャランな感じは、どこからくるの？」「とくにファッションに気をつかっているように見えないのに、なんでそんなに素敵なの？」「男に媚《こ》びることなく、対等に生きつつも、ちゃんと彼らに『魅力的だ』と思わせるコツは？」と。

著者である私たちは、学校で机を並べていた古くからの友人同士だ。仕事を持ち子育てをするようになっても、何かと助け合って生きてきた。パリに暮らす４人の「女の子」であると同時に、仕事もプライベートも、性格だってまるで違う４人の「女」だ。そんな私たちの人生を、ちょっとした本にしてみようと思った。こうして私たちはまた同じ時間をすごすことになったのだ。

パリジェンヌの基本

1.

GET THE BASICS

眠りにつく前に、思い出しておきたい「18の掟」

老いを恐れるな。恐れるものなんて、何もない。「恐怖」そのもの以外は。**＊30歳になる前に、自分に合う香水を見つけなさい。そして、それから30年、それをつけ続けなさい。**＊話をしているときも、大声で笑っているときも、決して歯茎の色を見せてはいけない。**＊まずは、皆がみな、「好きだ」と思うものに挑みなさい。たとえば、オペラや子猫、イチゴ。ひと通り経験してから、大嫌いになればいい。**＊もしあなたのクローゼットに、セーターを１枚しか入れられないのなら、それは絶対にカシミアでなければいけない。**＊白いシャツの下には、あえて黒い下着をつけましょう。白い楽譜の上の音符みたいに。**＊異性とともに生活するのは、それだけで意味のあること。彼らにやたら対抗しようと思ってはダメ。セックスのときをのぞいては。**＊“不実な女”でありなさい。ときには、あえて香水も変えて。**＊映画や音楽といった「カルチャー」に触れなさい。それは、新鮮な食べ物を口にしているのと同じこと。ぐっと顔色が良くなるはず。**＊自分自身の長所と短所を自覚しなさい。そして、それらを伸ばし、ケアしましょう。でもそれらに気をとられすぎてはダメ。**＊“努力の跡”なんて、さっさと消しなさい。難なく、軽やかにやり遂げた顔をしていなさい。**＊けばけばしいメイクに、まとまりのない色使い、必要以上のアクセサリー。そうなりそうになったときには、まずは軽く息を吸って。ちょっとずつ減らして。**＊パッと見からは、その人の細かいところまではわからない。でも、細かいところこそ手を抜いてはいけない。**＊あなたは、常にあなた自身の物語の主人公である。**＊髪は自分で切りなさい。もしくは、妹に頼んでみて。カリスマ美容師の知り合いがいても、ただ知り合いってだけ。**＊いつでも、セックスできる状態でいなさい。日曜の朝にパン屋に出かけるときも、深夜タバコを買いに行くときも、子供を学校に迎えに行くときも。いつ誰とどんな展開になるかなんて、誰にもわからないから。**＊白髪は１本たりともあってはダメ。でも、１本残らずきれいに白髪に染めているならOK。**＊モードが世界を支配する。そして、そんなモードを作っているのはパリジェンヌ。それって本当？　よくわからないけれど、世の中はそうしたレジェンドを必要とするもの。**

あるパリジャンが語る、
パリジェンヌのリアル

「パリジェンヌという言葉を、最も正確に定義してくれる人は誰かしら」

私は常々、そう自問してきた。そしてある日、ついにわかった。

「そうだ、いま台所で、目の前に座っているこの男に聞くしかない」と。「この男」とは、私がいま人生をともに歩んでいる男だ。

唐突な質問に驚きつつも、彼は早口でぼそぼそと話しはじめた。

だがその内容に、私はどうしようもなく腹が立ってきた。

「どんな香水を使っている」だとか、「独特の雰囲気があって、なかなか素敵」だとか、これまでも散々言われてきた決まり文句ばかりで、まったくもって新鮮味がなかったから。

そんな私のイライラに気づいたのか、「え、そんな真面目な話だったの？」と彼は言い、流しにもたれながら、目を閉じてまるで暗記でもしていたかのように、スラスラと言葉を紡いだ。

まず第一に、パリジェンヌはいつも何かに文句を言っている。満足することがないんだ。たとえば、僕はいつだって君は世界で一番美しいと言っているけれど、それじゃ物足りないような顔をしているだろ。

パリジェンヌは、自分たちの生きかたが世界の人々の憧れの的であることを、よくわかっている。巷《ちまた》にパリジェンヌ的生きかたを指南した本やブログが氾濫しているのもそのためだね。それに、パリジェンヌは他人からアドバイスを求められるのが大好きだしね。そりゃそうだろ。自分たちは経験豊かで、何でも見てきて、何でも知っていると思っているんだから。

たとえば、他人に自分のかかりつけの医者を「この人は間違いがないから」と言って、やたら押しつけてくる。歯医者だってそう。自分の歯並びが一番いいものだと思い込んで、他人に薦めてくる。産婦人科だって、「カトリーヌ・ドヌーヴも通っていたところ！」とかなんとか言って、ほとんど強制しているよね。パリジェンヌは、「スノッブだと思われるのは嫌」と言うけれど、誰かに「この人はスノッブです！」と屋根の上から叫ばれたとしても、内心嫌な気はしないだろ。その態度こそがスノッブなんだよね。何か問題でも？　パリジェンヌはやたら偉そうなんだよ。

彼女たちが興味を示すのは、アートに文化、そして政治。ベランダで大事にラディッシュを育てるような感覚で、自分たちの教養を高めていく。じょうろを手に持ち、「今年のカンヌ国際映画祭のパルム・ドールは、駄作よね」なんて言ってくる。まだ観てないくせにね。実際に観ているかどうかなんて、関係ないんだ。別に物事を掘り下げて考えようなんて、思っていない。彼女たちにとって大事なのは、話している相手と真逆の意見を述べて、とりあえず批判することなんだ。

それから、パリジェンヌはいつも約束の時間に遅れてやってくる。自分たちには、ほかにやらなきゃいけないことがあるから。「あなたとは違うのよ！」と言わんばかりに。恋愛の匂いがする約束には、化粧バッチリではやってこない。素材が良いから、美しさを人工的に作り込む必要なんてないと思っている。そのくせ、日曜の朝、パン屋に行くだけのために、真っ赤な口紅を塗ったりする。大事な知り合いにバッタリ会うかもしれないからね。

彼女たちは、誇大妄想がすごすぎて、ほとんどパラノイアだね。彼女たちが、1000個の不満を見つけるエネルギーを、難解な方程式を解くのに使ったとしたら、パリジェンヌは毎年、ノーベル賞を与えられるだろうね。

そうそう、彼女たちに恋人を紹介して、「なかなか独特《オリジナル》な人だね」と言われても、鵜呑《うの》みにしないほうがいいよ。「オリジナル」って言葉、彼女たちにとっては悪口でしかないから。

横断歩道のない道を渡りたがるのも、パリジェンヌの特徴だって？　それ、彼女たちに言うと「自分は勇気があるから」とかなんとか偉そうにすると思うよ。それから、店の前に行列を作っている人を見ては、「自分だったらわざわざ並ばない」とか言ってすぐ哀れむよね。

彼女たちは、「こんにちは」「ありがとう」と誰にでも言っているわけじゃないのに、パリのカフェの無愛想な店員を見ては、いつも怒っている。

とにかく、口ばっかり達者なんだよ。相手を口汚く罵るのも大得意。そのくせ、食事の際、ご丁寧に“Bon appétit〔よい食事を〕！”と声をかけてくれる人が大嫌い。言葉のセンスがないということは、マナーがないことよりも悪いことなんだ。

自分たちは、雨の日だってサングラスをかけたがるというのに、サングラスをかければ、プライベートでバレないと思っているセレブたちを、やたら軽蔑しているよね。

……って、もうこの辺にしておいたほうがいい？　じゃあ、最後に一言だけ。パリジェンヌを一言にまとめてみようか。パリジェンヌのことをよく知っている、という前提で言うよ。パリジェンヌって、完全にイカレてるよね。

絶対にクローゼットに
入れておきたくないもの

＊ローヒール。そんな中途半端なものには満足できない。

＊ロゴの入った服。広告じゃあるまいし。

＊ナイロン、ポリエステル、レーヨン、ビニール。汗をかきやすいし、汗が目立つから。臭いうえに、それが他人に見えるなんて耐えられない。

＊ジャージ。そんなものを着て見せていい相手は、ジムのコーチぐらい。でもレギンスは、なぜかOK。

＊穴やら刺繡やらがある、やたら凝ったジーンズ。ボリウッドならいいけれど、パリではちょっと……。

＊UGGのブーツ。理由はないけれど、あれだけはどうしても認められない。

＊丈が短すぎるトップス。ティーンエイジャーではないから。

＊偽ブランドバッグ。胸にシリコンを入れているのと同じようなもの。偽物を使うことで、コンプレックスを隠そうとしてはダメ。

実際のところは、バーバリーのトレンチコートさえ着られれば、下は裸でも、パリジェンヌは大満足なのです。

最も名の知られた
パリジェンヌは、
じつは“外国人”なのです

歴史上有名なパリジェンヌが、パリ生まれとは限らない。
彼女たちは別の地で生まれ、パリに来たことで、
パリジェンヌとして生まれ変わったのだ。

マリー・アントワネット

オーストリア生まれのマリー・アントワネットが、ルイ16世のもとに嫁ぐべくフランスにやってきたのは、14歳のとき。王妃の座についたアントワネットはこのうえなく軽薄な女性だったといわれ、次第にファッションに取り憑かれていく。夫以外の男と恋に落ちたり、舞台女優になることを夢見たり。ときには羊飼いになりたい、なんて言い出したことも。良く言えば、自分の人生を、自分の力で切りひらこうとした女性とも言える。

ジョセフィン・ベーカー

ジョセフィン・ベーカーは、ミズーリ州セントルイス生まれ。1920年半ばにパリに渡り、その後フランス国籍を取得した。第二次世界大戦中は、レジスタンス運動にも加わるなど、フランスの精神そのものを身につけた人物として歴史に名を刻んでいる。1920年代のパリで最も著名な歌手・女優に数えられ、パリのナイトシーンを代表する伝説的なミュージックホール「フォリー・ベルジェール」のスター歌手としてその名を轟かせた。センセーショナルな歌と踊りで人々を魅了しただけでなく、聡明な女性でもあった。「私の愛するものは二つ、パリと祖国」と歌った『二つの愛』は大ヒットし、フランス人なら知らぬ者はいないほど有名な曲となった。

ロミー・シュナイダー

『若き皇后シシー』などで知られる女優ロミー・シュナイダーは、オーストリア・ウィーン生まれ。パリに来たことでフランスならではの人生の楽しみかたを身につけた（夜遊びの楽しさや無頓着さ、そして非順応主義といったもの）。パリジェンヌは、すぐにシュナイダーの脆《もろ》さと優しさ、そしてチャーミングさの虜《とりこ》に。パリジェンヌにとっての「女性らしさ」の良いお手本となっている。

ジェーン・バーキン

英国生まれのジェーン・バーキンは、いまや「最もパリジェンヌ的なパリジェンヌ」と言われる。1969年にセルジュ・ゲンズブールとともにかの有名な『ジュ・テーム・モワ・ノン・プリュ』を発表し、その後も多くの映画に出演。映画『欲望』や、ブリジット・バルドーと共演した『ドンファン』で彼女を知る人も多いのでは。世の男性のハートをわしづかみにした大きな要因の一つが、彼女の英語訛りのフランス語だった。まるでフランスの"文化遺産"のような存在なのだ。シャルロット・ゲンズブールやルー・ドワイヨンら彼女の娘たちの着こなしも、フレンチファッションの代名詞となった。はき込んだジーンズにトレンチコート、そしてスニーカー。流行にとらわれないフレンチスタイルを完全に自分たちのものにしている。

午後１時
カフェ・ド・フロール*にて
初デートの“葛藤”

とりあえず、机の上にあるメニューを手にしてみる。でも、頭にはすぐにこんな考えがよぎる。「レストランのメニューなんかじゃなくて、まるで地図を見ているみたい。ちんぷんかんぷんなのよね」頭の中に、料理に関するありとあらゆる情報が飛び交うが、そのなかで最も正しいものを導き出さなければならない。間違ってもここでつまずいてはダメ。笑顔を絶やさず、スマートにメニューを選んでいるフリをする。ここで、途方に暮れているように見られては台無しだ。

Saumon fumé　スモークサーモン

いやいや、これはダメ。メニューには「スモークサーモン」としか書いていないけれど、ブリニス〔分厚いクレープのようなもの〕とサワークリームがもれなくついてくる。サーモンはほとんど言い訳のようなもので、カロリーの高いブリニスを食べれば、その分だけお尻の周りに肉がつくという、悲しい結末を迎えることになる。

目の前にいる男は、パリという街で女として生きることが、どれだけ大変なことかわかっているのだろうか？　きっとわかっていないんだろうな。でも、まだ知り合ったばかり。どういう男か、ここで焦って判断してはいけない。前菜の欄に書かれている料理名をあれこれ眺めてみる。まだまだ心に余裕はある。

*　サンジェルマン・デ・プレにある老舗カフェ。ジャン＝ポール・サルトルやシモーヌ・ド・ボーヴォワールも常連だった、パリで最も有名なカフェの一つ。

Haricots verts frais en salade　インゲン豆のサラダ

初デートで一番面倒なのは、一つひとつの仕草が何か意味を持っているのではないか、と疑われてしまうこと。相手は、まるで映画でも撮影しているかのように、上から下まで舐め回し、一つひとつの動きを完璧に記憶しようとする。携帯電話をどこに入れたのかわからなくなり、大きな鞄の中を必死で探しているときも、探すのに没頭しすぎて、人に見られていることを忘れているときも。そして携帯が見つかるやいなや、目の前に人がいるのも忘れ、うっかり留守電を聞いてしまう姿も。

そんな姿を見て、相手はこう分析しているに違いない。だらしがない、ちょっとだけ神経質、でも人づき合いは悪くない。メニューをなかなか決められなかったことに、ついに彼は気づいてしまったかもしれない。

でも、心の中で静かに葛藤していることを悟られてはいけない。いつの日か、この男は私が毎朝体重計に乗っていることを知ることになるかもしれない。でも、いまのところは、この体型は生まれつきのものであると信じ込ませなければ。そう、ここではカロリーなどは気にせず、ちゃんとした料理を選んだほうがいいんだ、きっと。自分は食べることが好きな人間で、食に対してだけでなく、人生のあらゆることに貪欲に突き進む人間だ、と思わせるために。

Confit de canard chaud　鴨のコンフィ

悩みに悩んでいるうちに、指が小刻みに震えてきた。それでも、まだ何を頼むか決められない。道行く人たちが、テラス席に座っている私たちのすぐ横を通るものだから、優柔不断な自分の姿を見られている気がして、心穏やかではいられない。とうとうウェイターがやってきて、もういい加減に決めなければ、という空気に。よし、決めた。最も“驚かれそうな一品”にしよう。

「ウェルシュレアビットをください」

これは一種の冒険だ。言いにくい名前だけど、つっかえずに、少しだけ誇らし気に言ってみる。自分は、ほかの女の子たちとは違うのよ！　と言わんばかりに。トロフィーをテーブルの上にどーんと置くかのように、自信たっぷりに。「ウェルシュレアビット」という単語を、これまで何度も口にしてきたかのように。緊張した素振りなんて、これっぽっちも見せない。内心、発音が間違っているのではないかヒヤヒヤしている。ウェイターが言い直さないことをひたすら祈る。そんなことをされたら、せっかくの演出がぶち壊しだ。目の前に座っている男は、驚いた表情でこちらを見る。

自分が発した言葉がどれだけの威力を持っているのかが、ようやくわかった。でも、それがどんな料理かなんて、まったくもってわからない。メニューには、小さな文字で「チェダーチーズ、ビール、そしてトーストからなるスペシャリテ」とだけ書かれている。心の中で微笑みながら、つぶやく——そんなもの、食べられるわけないじゃない、と。でも、そんなことは気にしない。自分が頼んだ料理に無関心なことが相手にバレないよう、とりあえずおしゃべりを続けるつもりだ。ウェイターは、今度は目の前の男のほうに体を向けた。

「同じものをください」——そう彼は言った。

彼の前で気取ってみたり、自分を作ってみたりしたけれど、この一言で、完全に冷めてしまった。自分の言いなりになる男も、何でも従おうとする男も、退屈に決まっている！　さっきから30分も話しているけれど、その内容っていえば、当たり障りのないもので、たいして面白くもない。一度そう思ってしまったからには、もう何をやっても無駄。とりあえず、ふた口だけ食べて、何かしら理由を見つけて、早めにこの場を去ろう。もう二度と彼に会うこともないのだろうな。**アデュー〔さようなら〕**。

パリジャンはなぜ、
ユーモアを交えたがるのか

「ユーモア」をうまい言葉で定義するのは難しい。と同時に、そんなものを定義してどうするんだ、という気もしてくる。ユーモアというものは、それぞれがその瞬間にしか通用しないもので、だからこそ、一つひとつに味わいがある。そして何より、背景には文化がある。

パリで交わされるユーモアを、その輪郭だけでも描写しようとしたら、それはとても「冷たく」、このうえなく「辛辣」なものといえる。基本的に、絶望は嬉々として語られ、逆説的なアプローチが好まれる。そして人生や恋愛といったものは、幻滅と同義語ととらえられている。ネタとして多いのは、男と女の話。とくにセクシャリティーに関する話や「男はこんなところがすごい」「いや、女はこうだ」といった話だ。なかには無礼極まりないものもあるし、いわゆるタブーを突いてくるものもある。もちろん、それで“炎上”するほどのものではないけれど。たんなるギャグに落とし込むことはせず、どんな状況でも、できるだけうまいこと言ってやろうと思うのがパリジャンなのだ。ときに自虐的でありながら、高尚なユーモアを見せつけるという行為は、悪趣味どころか、センスの良さの表れだと考えられている。口に出したら、幻滅されかねないようなことを言って相手を楽しませるのは、スポーツをするぐらいハードなことで、スポーツをしないパリジャンたちにとって、ちょうどいいのかもしれない。自分のことを笑う、という行為は、自分のことでメソメソ泣くよりもずっと健康にいいのだから（つまり、スポーツ代わりにユーモアたっぷりの言葉を発するってこと）。

「私の最初の妻に
なってくれますか？」

——サシャ・ギトリ

パリがわかるパズル　冬篇

モレスキンの手帳	暗くなってから見る屋根	朝もや	ポン・ヌフにかかった雲	大きなショール	ピストロのテーブル
伝線したタイツ	スレートぶきの屋根	香水の匂い	凍った銅像	リュクサンブール公園の椅子	新しい手帳
氾濫したセーヌ河	絹のスカーフ	マロングラッセ	柔らかい新品のセーター	ときどき降る雪	改築された玄関
ヴィクトワール広場	古いペルシャ絨毯	2杯の温かいココア	はげたマニキュア	降りやまない雨	街灯
フェルトの帽子	滑る道路	煙突のてっぺん	寄木張りの床	白檀のキャンドル	練鉄
バラ風味のマカロン	映画館のシート	誰もいない公園のベンチ	ロックの一節	ル・モンド紙	モンマルトルの雪景色
一日ベッドですごす日曜日	窓からの眺め	ルーブル美術館	意地悪なヨークシャーテリア	サーマルのTシャツ	男のネクタイ
牛すね肉の煮込み	牡蠣	1杯のボルドーワイン	羽布団の中での読書	パラディ通り	温かいお風呂

パリがわかるパズル　夏篇

夕飯前のひととき	バスの中の見知らぬ人	大笑い	生搾りオレンジジュース	ベランダですごす人々	昨夏の薄手のワンピース
高いヒール	カフェのテラス	エアロバイクのあるスポーツジム	屋根の金属板	徹夜	街中での日焼け
革命記念日のパレード	遠くまで続く長い雲	消防士たちとのダンスパーティー	観覧車に乗ってみる	ペディキュア	1杯のロゼワイン
フランソワーズ・サガンの本	降りやまない雨	自転車旅行	牡丹の花束	ピカソ美術館	イチゴのピュレ
マルセイユ石鹸	ヴェルヴェーヌのアイスクリーム	新しい水着	クローゼットに入れたままの服	いつも変わらぬセーヌ河	写真展
ブーローニュの森	ラップドレス	アイシャドー	エナメルのバレリーナシューズ	カフェ・ド・フロールのカクテル	一日じゅう仕事
ミントティー	美味しいメロン	ペチバーの匂いのする肌	音楽祭	ポントワーズのプール	サンジェルマン・デ・プレでのブランチ
ニース風サラダ	ボーダーシャツ	笑顔のパリジャン	膝の青あざ	空が青く染まる時間	パスティスの中のアニス

メランコリーとは何か？

——パリジェンヌのようにひたすら悲しみに暮れる方法

「あなたパリジェンヌなの？　ということは、相当メランコリックなのよね」そんなふうに言われても仕方がないほど、これらはイコールで結ばれている。街の色や景色によって、簡単に感情が揺れ動く。理由もないのに悲しくなることもあれば、根拠もなく急に希望が湧いてくることだってある。記憶の奥底に眠っていた思い出や匂いといったものが、どこからか洪水のように溢れ出してくるのだ。かつて愛し合った人、過ぎ去った時間が、ふいに姿を見せる。

こうした感情は、そう長く続くわけではない。だけど、こんな特別な気分はあなたをちょっとだけ別世界へと導いてくれる。心ここにあらずといった感じなので、他人から見れば放心状態に陥っているように見えるだろうけれど。

たった一人、レストランの席につく。誰とも約束なんてしていない。せっかく持ってきた本はテーブルに置いたまま。特定の誰かを見るわけでもなく、視線はずっと先に向けられている。周りの人々の笑い声もまったく耳に入ってこない。完全に自分だけの世界を生きている。タクシーに乗る。幸せそうな顔で歩く人々の波と町並みを静かに見つめる。息づかいまで、ゆっくりになってくる。運転手に「もっとボリュームを上げて」なんて言ってみる。

早朝。足早に仕事へ向かう人々の群れに一人だけ逆走する。髪はきれいにまとまっていないけれど、アクセサリーはまるで前日に起きた出来事を物語るかのように、キラキラと輝いている。帰り道。心はボロボロでいまにも砕けそうだけれど、理由なんて誰にも言えやしない。

誰かが話しかけてきた。でも、その言葉は一向に頭に入ってこない。どこからかキャンドルの匂いがしてきて、急に子供時代に住んでいた場所を思い出した。

とくに夏は、黄昏どきになると、いつも以上に感受性が強くなってくる。世の中で起こったさまざまな出来事が一気に自分に押し寄せてくるかのように、胸がいっぱいになる。誰とも話なんてしたくない。あたりが暗くなるまで、一歩も外へは出ず、一人じっと部屋に閉じこもっている。

母親の流儀

最初から言いきってしまうのもなんだが、パリジェンヌはエゴイストだ。子供には愛情をたっぷり注ぐけれど、自分自身のこともそう簡単には諦めきれない。自分を犠牲にし、アッシ・パルマンティエ〔ジャガイモと挽き肉のグラタン〕を子供たちに作ることだけを生き甲斐にしている女性なんて、パリにはまずいない。子供が生まれたからって、パリジェンヌは自分の人生を生きることを諦めたりはしないのだ。友達と飲みに出かけることもあれば、パーティーに繰り出し、翌日二日酔いで大変な思いをすることだってある。後悔するかも、と思っていても、そんなティーンエイジャーのような生活を泣く泣く手放したりはしない。そもそも、何一つ諦めないのがパリジェンヌだ。だから、子育てを放棄することもない。子供もきちんと教育し、自分なりの生きるルールを、教養を、哲学を教え込む。自分の目で、子供が成長しているのを見守ろうとする。**では、何一つ諦めないパリジェンヌの生活はどんなものなのか？**　そりゃ、部屋は散らかるし、頭の中は常に大混乱だし、あまりにもそれが日常化してきて、しまいには何の疑問も持たなくなってしまう。でも、きっとそれこそが、子供を持ったパリジェンヌがめざす「子供との接しかた」のような気もする。子供は王様なんかでは決してなく、自分の人生の周りを飛んでいる衛星のようなもの。子供は母親がどこへ行くにもついて行くことで、さまざまな経験をする。ランチについて行くこともあれば、ショッピングにもつき添い、ときにはコンサートやギャラリーのオープニングにも参加する。罪の意識が半分、愛おしさが半分――そんな複雑な感情を持ち合わせた母親に見守られながら、子供は疲れ果ててソファの上で眠りにつく。母親と特別な体験をする一方で、学校へ行き、同じような年齢の子供たちと公園で遊んですごす。運動をしたり、英語の授業を受けたりもする。これらをいっぺんにやってのけることだってある。母親につき添うからこそできる経験と、子供ならではの体験。子供たちは、日常的にこの二つの異なる体験をする。それらを繰り返すことで、日々のスケジュールがとてもバリエーションに富んだものになる。母親と同じ時間をすごすことに対し、不満を述べる子なんていない。目にした光景や耳にした会話は、記憶のどこかにこびりつき、子供は大きくなってからそれらをふいに思い出すことがある。子供の頃、大人の世界を垣間見たからこそ、未来は楽しみなものとなり、ポジティブにイメージできるようになる。パリジェンヌいわく、この「生きる喜び」があるからこそ、子供たちは早く大きくなりたいと願う。そして、これは母親にとっても、子供が生まれる前と同じ生活を送り、何一つ後悔をしない人生を歩むための、一番納得のいくやりかたなのだ。

正しい電話のとりかたとは？

――ついに、お気に入りの男性から
　電話がかかってきた！　と思ったら

電話が鳴ったら……

＊パリジェンヌたるもの、受話器はすぐにとらず、しばらくそのまま放置。
（だって、電話のすぐそばにいるとは限らないから）

＊大げさに驚いたフリをする。
（別に、その人からの電話を待っていたわけではないし）

＊とりあえず、「5分後にまたかけて」と言ってみる。
（すぐに対応できるほど、ヒマしてないことをここでアピール）

＊でも、問題はすでに別の男性と一緒にいる、ということ。
（後から電話で誘おう、なんて思っている男は、時すでに遅し。パリジェンヌを待たせてはいけないのだ）

自分だけの
逸品を探して

PERFECTO
Schott

ピエス・ノーブル〔自分だけの逸品〕とは、身につけるだけで自分を生き生きと見せてくれるものを指す。

給料10年分をつぎ込む必要もないけれど、すぐに破けてしまうような代物でも困る。何枚も持っている必要はなく、1枚だけあればいい。ちょっと自信をつけたいとき、自分はできるんだ、と思い込みたいときに、棚から引っ張り出して身につけるのだ。

「どれでも好きなものを持っていきなさい！」なんて言いながら、タンスを開けてくれるおばあちゃんがいればいいが、皆がみんなそうはいかない。では、パリジェンヌは自分だけの逸品をどうやって探すのか。蚤《のみ》の市で掘り出し物を探したり、リサイクルショップに行ってみたり、eBayで物色してみたり。そこで、一生ものの洋服やアクセサリーを見つけるのだ。

形のいいトレンチコートにパンプス、革の鞄……。何より大切なのは、ジーンズやペタンコ靴、カーゴジャケットなどシンプルな服や靴と合わせて、美しく着こなせるということ。コテコテに着飾ったふうになることだけは避けたい。もちろん、ちゃんと手入れをするのも大事だ。

ピエス・ノーブルとは、サイズもぴったりなものでなくてはならない。一つひとつの動作がスムーズかつエレガントに見えるもの。最高の素材、最高の仕上がりであると同時に、悪目立ちせず、ちゃんと街中で着られるものでなくてはいけない。

価値がわかりやすいものもダメ。流行を超える、もっとさりげないもの。自己主張しすぎるものやブランド名が前面に出るものであってもいけない。視力検査ではないので、Cやら大きなD、YSLなんてもってのほか。パリジェンヌにとって「贅沢」とは、誰にでもわかるようなものではないのだ。

ピエス・ノーブルは、自分自身への贈り物にほかならない。年齢や好み、そして経済状況に合わせて、自分の力で買うもの。経済的に自立し、自由を手にしていることを示すものでもある。

「私はちゃんと稼いでいるから、自分にプレゼントすることができるの。これを買えて幸せだわ！」と、他人の耳元でささやいているようなもの。精神的に支えてくれて、世間と闘うための武器になるもの。自分は、自分の満足がいく装いをしている、だから無敵なのよ！　と思わせてくれるものなのだ。

ナチュラルでいるということ

「ナチュラルな美しさ」ほど、謎が深いものはない。なぜなら、何がナチュラルであって、何がナチュラルでないかなんて、誰も正確に定義できないから。パリジェンヌは、生まれたときから“完璧な肌”を持ち、生まれつきどこか色っぽい無造作ヘアなのだ、と思っている人も多いはず。揺りかごの中にいるときから、シャネルの5番のようないい匂いをまとっていたのではないか、と。フランス人特有の「ナチュラルさ」とは生まれ持ったもので、他人には説明しようがないものであるかのように。

――そんなのは、まったくの「嘘」です。

　パリジェンヌのナチュラルさとは、ほかならぬ努力の賜物で、親から事細かく教え込まれてきたもの。ここでは、「まったくもって手をかけていないように見える、お手入れの方法」を紹介。これが、パリジェンヌ的「アート・オブ・ビューティー」なのです。

“ふんわりヘア”について

パリジェンヌといえば、あの無造作でルーズな髪型を思い浮かべる人も多いはず。完璧にセットされていることはまずなく、しっかりとブラッシングされていることも珍しい。あのふんわりとした、軽くウェーブがかかったような髪型は、パリジェンヌが年齢とともに作り上げてきたもの。じつは、計算された“くしゃくしゃ感”なのです。

実践してみよう：染めないことがほとんどで、染めるとしても、白髪を隠したり、少し色のトーンを上げる程度。生まれ持った髪の色を尊重するというのが、暗黙のルールだ。

髪はドライヤーでは乾かさない（ドライヤーなんて捨ててしまってもいいくらい）。夏は自然乾燥、冬はタオルドライというエコな方法で。朝、髪が濡れたまま家を飛び出さなくていいよう、前夜のうちに洗っておくのがベター。

湿ったままの髪で寝ると、朝には自然の動きができ、これが意外と悪くない。毎日髪を洗う必要はなし。なぜなら、髪質にもよるが、髪をアップにしたときにちょうど良いボリュームになるのは、シャンプーした翌日、もしくは翌々日だからだ。それから、やたら飾り立てようとしないこと。大人ならバレッタやらカチューシャやらをつける必要はなし。

ある一定の年齢になり、それまでの経験が顔ににじみ出るようになると、髪もそれに合うよう、まとまりが出てきて、バランスよくなっていく。

夏は、「海水」と「太陽」という二つの要素が髪に良い影響を与えてくれる。少しザラッとした手触りに、少しだけ塩気を含んだ髪。太陽を浴びてトーンもやや明るくなり、気持ちまで明るくなってくる。

髪や耳の後ろ、首筋に少し香水をつけるのも忘れないように。これを嫌がる人はいないはずだから。

美容整形について

基本的に、パリジェンヌは美容整形をしない。なぜなら、母親から貰った身体をしっかり受け入れるべき、と心得ているから。そして、ただ受け入れるだけでなく、自分のことをより深く知ろうとすることで、身体はより美しいものになっていく――なんて、パリジェンヌは恋人にも、外国の人々にも思わせているが、実際のところは違う。

フランスではつい最近まで、整形は気の病《や》んだ人や何か血迷った人がすることだと考えられてきた。だがそうした考えも少しずつ変わり、身体や顔にメスを入れるパリジェンヌも増えてきた。だが、ここでもパリジェンヌなりのルールがある――やりすぎない程度に、が基本だ。

実践してみよう： 1カ所だけ、手を入れたい場所を選ぶ。つまり、何がなんでも直したい場所を明確にしておく。鼻もしくは口。胸もしくは、お腹……といった具合に。シワ取りなどのプチ整形は、できるだけ歳がいってからにしたいもの。フランスでは35歳未満の女性が整形をすることは極めて稀《まれ》で、一般的にはさまざまな葛藤の末、40歳を過ぎて整形に踏みきり、ヒアルロン酸かボトックスで対処することが多い（ボトックスの場合は、多くても年1回のペースで。でないと、注射を打ったことが目に見えてわかってしまう）。こうした“下準備”をひと通り経験し、50を過ぎれば、まぶたや目の下のたるみ、口の周りのシワのリフティングなどを検討してもいいだろう。そして60になる頃には、いわゆる「ミニ・リフティング」をするべきかどうか、いまからでも間に合うかどうかを本気で考えてみてもいいかもしれない。美容整形が「裕福さ」の証としてとらえられている国もあるが、フランスにはこの考えはない。整形の善し悪しは、傍《はた》から見てわかるか否かという点だけで、決まる。それにパリでは、他人と整形の話などまずしない。不自然な整形などしないほうが良いというのが共通認識としてあり、銅像やお人形さんのような顔になりたいなんて考える人はまずいない。

肌について

何も塗らず、すっぴんが良いとされる。春になり日差しが強くなると、そばかすがちゃんと表に出てきて、人目に触れる。嘘をつけば頬が赤くなり、怖《お》じ気《け》づけば顔が紅潮する。経験してきたことのすべてが肌に現れるのだから、それらを隠そうとしてはいけないのだ。なので、素肌は常に露出されている状態であるべき。

実践してみよう：フランス人はあまりファンデーションをつけたがらない。なぜなら、ファンデーションは単に“被《かぶ》せもの”だと思っているから。ファンデーションをつけると、否応なく皆同じ顔になる。個性も面白みもない、ありきたりな顔になってしまうのだ。

ファンデーションを使わなくとも、肌を美しく見せるコツはある。たとえば、表面にツヤを出すようなテクニック。画家が絵に色をつける前にあらかじめ準備をするように（有名な画家がどんなふうに絵を描いていたかなんてわからないけれど）、肌をキャンバスに見立ててみるといい。

まずは、プロのメーキャップアーティストがメイクの基本として使っている「保湿クリーム」を顔全体に塗る。次に、なるべく隠したい箇所（クマや小鼻の周り、ニキビなど）をイヴ・サン=ローランの「ラディアント　タッチ」（筆ペンのようになっているコンシーラー）やBBクリームで隠す。どうしてもファンデーションを使わずにいられないのなら、保湿クリームと混ぜて使ってみよう。これで、ファンデーションの効果は多少は薄れる。夜、外出するときは、真っ赤な口紅を塗り（たとえば、「ディオール・アディクト」）、まつ毛上下ともにたっぷりとマスカラをつけよう（ランコムの「イプノ」シリーズがベスト）。目元が目立つようになるし、同時にクマも隠してくれる。

手足のケアについて

パリジェンヌは「無造作でもサマになる」なんて言われることも多いが、女性らしさの基本をしっかり押さえているのも事実。たとえば、手足のケア。爪はキレイに切りそろえ、ときにマニキュアもちゃんと塗る（とりあえず塗ればいい、というものでもない）。マニキュアを塗るうえで一番大切なのは、シンプルであること。根拠もなく「フレンチ」と名がつけられた「フレンチマニキュア」が流行っているけれど、あれはどこからどう見ても「フレンチシック」の対極にある。パリジェンヌは、フレンチマニキュアがなぜもてはやされているのかまったく理解できず、存在自体を認められずにいる。

いくら努力をしていたって、どうにもならない欠点は誰にだってあるもの。八重歯にすきっ歯、太すぎる眉に、高すぎる鼻……。でも、パリジェンヌはこれらを恥じることなく、誇りにさえ思っている。なぜなら、そうした欠点は内面の強さや個性を表現してくれるものでもあるから。完璧でなくとも、「美しくあることは可能」と思わせてくれるものなのだ。

パリジェンヌがベンチに座るとき

彼女たちは意味もなくベンチに座っていると思うなかれ。パリジェンヌはいつだって、ちゃんと意味があってそこにいるのです。たとえば、こんなとき——。

予定より30分も早く家を出てしまったけれど、約束にあまり早く着きたくないとき。

携帯電話が見つからず、鞄の中をひっかき回し、次に車の鍵を探し出そうと再び鞄を開け、ガレージを開閉するリモコンも見つからず、さらに家の鍵までどこかに行ってしまい、もうくたくたになり、家に帰る気力もなくなったとき。

感情的になりドアをバタンと閉め、とりあえず家を飛び出した。でも、行く場所がなく途方に暮れているとき。

相手を家に入れるべきか、あまりキスがうまくないのでこれで終わりとするか、決断するべく、ちゃんと見極めたいとき。

間に合わず、出発してしまったバスを100メートル後ろから追いかけたはいいが、思っていた以上に身体にこたえ、つらくなってきたとき。

家では誰にも聞かれたくない内容の電話を、こっそりかけたいとき。

「あの人、本を読んでいる」と思われたくて、本を読むとき。

パリでこのまま歳を重ね、会話をする相手がいないので鳩に話しかける老いた女性の気分になってみたいとき。

どうしようもなく悪趣味なこととは

どんな集団にだって、ある一定のルール、慣習というものがある。部外者からすれば、理解に苦しむものだって少なくない。パリジェンヌなりの「ルール」はというと、これがかなり特殊で、なかなか厳しい。ファッションに関しても、知性の面に関しても、他人に“悪趣味”と判断されるのだけは、何がなんでも避けたいもの。でないと、プルック〔品のない田舎者〕と見られるからだ。たとえば、以下のようなことをすると、パリジェンヌには眉をしかめられるので、ご注意を。

パーティーの場で「仕事は何？」と尋ねる。＊**もっとひどいことに、いくら稼いでいるかを尋ねる。**＊リビングの食器棚の上に、結婚式の写真を飾っている。＊**鞄の色を洋服の色と合わせる。**＊あからさまに歯のホワイトニングをしている。＊**眉毛を抜きすぎている。**＊自分の子供と“友達”になりたがる。＊**お金を見せびらかす。または、とにかくケチ。**＊「飲み過ぎた」と言って、周囲に引かれるような行動を平気でする。＊**アヒル口に整形する。**＊やたら飾り立てている。化粧が濃い。＊**褒めてもらおう、と必死に媚《こび》を売ってくる。**＊流行の言いかたや業界用語を使いたがる。“ADN de l’entreprise”〔企業DNAは……〕、“Je reviens vers vous”〔またご連絡します〕などなど。＊**髪に２色以上の色を入れている。**＊いちいち真面目すぎる。

サバイバルキット

いつ、どこで、誰と出会うかわからないから！

パリジェンヌが陥りがちなシチュエーション　その1

_OF COURSE I'M DYING TO SEE HIM AGAIN.

また彼に会いたくて、たまらないよ。

_DID YOU GIVE HIM YOUR NUM83R?

そもそも、彼にちゃんと電話番号を渡しておいたの？

_No when I left I just said: "We'll meet again..."

渡してない。別れ際に、「また会いましょうね」と言っただけ。

_What ? え、そうなの？

_TRUST ME:
IF A MAN WANTS YOU HE'LL FIND YOU

向こうが本気なら、どんな手を使っても私を見つけ出すでしょ。

_BUT YOU DIDN'T GIVE HIM YOUR NAME!

でも、そもそもあなた、名乗ってなかったじゃない！

悪習のススメ

2.

OWN YOUR BAD HABITS

矛盾しているとわかっていても、ついついやってしまう「12の事柄」

＊誰にでも「こんにちは」と愛想を振りまくくせに、**誰ともまともに話はしない。**

＊明らかにカロリーの高そうなクワトロチーズのピザを頬張った後、**コーヒーにダイエットシュガーを入れる。**

＊大枚はたいて高い靴を買うくせに、**ワックスは絶対にかけない。**

＊恋人にわがまま言い放題で散々迷惑をかけているくせに、**別れを切り出されると、心底驚く。**

＊ペディキュアをキレイに塗るなど、細かいところまで気をつかっていると思いきや、**下着は上下バラバラ。**

＊「新鮮な空気を吸いたい」と田舎に遊びに行ったくせに、**なんの躊躇《ちゆうちよ》もなく道中でタバコを吸う。**

＊夜はウォッカをガブ飲みするくせに、**朝は身体を気遣って緑茶を飲む。**

＊神を信じてもいないのに、**つらいことがあると、ついつい祈ってしまう。**

＊自称エコロジストのくせに、**近所のパン屋にはスクーターで行く。**

＊フェミニストなのに、**ポルノ映画は喜んで観る。**

＊何に対しても恐れず果敢に挑むくせに、**常に人から励ましてもらわないと不安になる。**

＊自分の致命的な欠点をわかっているのに、**面倒で直す気もない。**

「もしかして、浮気しているのでは」と恋人に思い込ませる方法

以下はどれでも、通用するはず。

＊自分に花束が届くよう、自分で手配する。そして、恋人に「気遣いをありがとう」と笑顔で伝える。

＊妹の電話番号を「Paul H」という名で登録する。

＊ぼーっと窓の外を眺めてみるなど、やたらミステリアスな雰囲気を醸し出す。

＊意味もなく、涙を流してみる。

＊恋人からの電話は、無視する。その代わり、甘ったるいメールを送っておく。

＊頻繁にシャワーを浴びる。「まだ出て来ないのか」と相手が心配になるくらい長い時間をシャワーですごす。

＊新しい下着を買ってみる。もしくはタバコをやめていたとしても、ある日突然、喫煙を再開する。

＊最終的に彼から別れを告げられても、不満は言わない。全部相手を怒らせたくて、やったことなのだから。

パリジェンヌが
ハンドルを
握ったら

パリジェンヌには車を運転するうえで絶対に譲れない、自分なりのルールがある。**それは、誰にも負けぬよう、少しでも速く走るということ。**いわゆる交通ルールなんてものは、意識したこともない。

男が運転する車に抜かれたら、負けじとすぐに追い越す。なぜなら、道路の上でだって男女は対等でなければいけないから。「自分だって度胸がないわけじゃないんだ」と、ちゃんとアピールしておく。

ハンドルを握っていると、なぜかハンドサインを駆使してみたくなる。ということで、不満なときには、とりあえず中指を立てておく。

駐車に時間をかけるなんて、どう考えても時間のムダ。駐車係がいるわけもないのに、誰かが後で停め直してくれると勝手に妄想し、好きなところに停めてみる。なのに、罰金をとられると逆上する。

もし警察に車を止められたら、とりあえず泣き倒す。もちろん、「免許証を出せ」と言われる前に。

違反をしても、涙を流しさえすれば、だいたい見逃してもらえる。男性警察官は、涙が通用する唯一の男なのだ。

でも運悪く、女性警察官に呼び止められたら、泣いてもムダ。なので、泣く代わりに叫んでみる。でもたいていの場合、これも効果なし。結局点数を失うことに。パリジェンヌはこんな状況でも、「なんで女性警官なの！」と逆ギレするだけで、何食わぬ顔でバスレーンに入っていた自分を責めることはない。

渋滞を避けるべく遠回りし、細い道を見つけ、突き進んでみるのが好き。賭けに負け、余計に時間がかかることだってある。でもよく知らない道でもこなれた感じで運転すれば、この街を熟知しているように他人には見える。気分は悪くない。

自転車に乗っている人を見ると、イライラしてくる。なぜなら、車を運転している自分はエコじゃない、と責められている気がするから。そのうえ、お尻痩せのためにジムに通っていないことを咎《とが》められている気がしてしょうがない。

とても小さな車の中でセックスしたこともある。セックスに夢中になっていると、ハンドブレーキに膝が当たって、痛くなる。そうはわかっていても、またしたくなってしまう。

遅刻しそうなときは、運転しながら化粧をする。バックミラーが手鏡代わり。

世間では誰も歌っていないような、時代遅れの歌を車の中で大声で歌う。

ダッシュボードの中は、鞄の中とまったく同じ状態だ。犯罪小説に給与明細、チューインガムの箱、充電器、何日か前に貰ったが、すでにしおれてしまったバラの花……などなど。なんだって出てくる。これらは、“日記”のようなものであり、誰に見せたって恥ずかしくない、サイケデリック・アートだ。

ガソリンがなくなりそうなギリギリの状態で走るのが、わりと好き。道の真ん中で止まってしまうか、それとも目的地までたどり着けるか？　一種の賭けみたいなもの。

キスのお作法

パリジェンヌがどんなキスをするかは、彼女たちの普段の行動を見ていれば想像がつく。つまり、わざとらしく、芝居じみたキスがお好みなのだ。やたら道の真ん中でキスをしたがるのは、キスシーンを完璧に演出したいから。唇と唇の触れ合いを、しっかりと相手に記憶させたい。あわよくば、通りがかりの人の目にもしっかりと焼きつけたい。気分はまるで舞台女優。自分の役を完璧に演じ、納得のいくキスが終わったら、通行人に拍手ぐらいしてもらいたいわ、とさえ考える。つき合わされる側からしてみれば、「息もできない」〔『勝手にしやがれ』の原題〕ですって？　その通り。返す言葉もございません。

おもてなしの基本

絶対に盛り上がるネタから定番レシピまで

ココ・シャネルもどこかで言っていたが、ディナーの席は六人以下がベスト。そして、ゲストがそろうやいなやシャンパンボトルを開けるのが、ディナーを成功させる条件となる。かつてはシャンパンに氷はタブーとされていたが、最近では氷を入れてサーブするのが流行。これをpiscine〔プール〕と呼ぶ。ディナーの席での会話を盛り上げるには、意見が割れそうな政治ネタから始めるといい。たとえば、こんな感じだ。

——ほら、言っていた通りでしょ！ 「階級闘争」というものは、昔みたいに「労働者vs資本家」ではなくなったのよ。いまはむしろ、移民問題を中心にした「ルーツ間の闘争」。でも最終的には、貧困層は貧困層と闘うことになるのだけど。

——資本主義は、労働者が資本家と闘わなくてもよくなったという意味では成功した。でも、いまは労働者は自分の下にいる者たちと闘っている。カール・マルクスの言っていたことは正しかったんだ。

——なんか適当なこと言ってない？　自分のいいように解釈しているようにしか聞こえないけれど。

——じゃあ、「右派」と「左派」の違いをわかりやすく説明してよ。

——そんなの簡単よ！　右派の人々にしてみれば、国民一人ひとりが繁栄している、イコール社会が繁栄している、ということ。左派の人々にとっては、社会が繁栄しているということは、個人が繁栄しているということなのよ。

ゲストたちが意見をぶつけ合うのをやめ、会話がどんどんつまらなくなり、話すことがなくなって子供の話でもするようになったら、アペリティフ〔食前酒とおつまみ〕の時間は終わり。「テーブルに移って、食事にしましょう」と促す。

家でのちょっとした集まりなら、レストランのようにきちんと前菜から出す必要はなく、メインから始めてもいい。「もしや一日じゅう料理しかしていなかった暇人？」なんて思われなくてもすむ。

プロの料理人ではないので、どんな料理でもうまく作れる必要はない。とりあえずは、次の二つのレシピさえ完璧に押さえてあれば、恥をかくことはない。一つは、ゲストがやってくる少し前に作りはじめれば間に合う、とても簡単なレシピ。そしてもう一つは、多少時間はかかるけれど、ゲストたちから歓声があがること間違いなしのレシピだ。

料理はしっかりボリュームがあるものがいいし、テーブルは美しく整えておかなければいけない。テーブルには花を飾ってみてもいい。そして何より、ホスト側に精神的余裕がなくてはいけない。なんの苦労もなく、軽やかに料理を作り上げたフリをするのも大切だ。

鶏肉のロースト　レモン風味

■材料（4～5人分）

丸鶏　1羽、レモン　2個、シトロン・コンフィ* 1瓶、玉ねぎ　1個(入れなくてもOK)、甘口醤油　大さじ2、シナモン　ひとつまみ

準備時間 15分、調理時間 2時間

■作りかた

・オーブンを175℃に温めておく。
・鶏肉を1羽丸ごと大きめのココット鍋に入れる。
・レモンの皮をすり下ろす（有機レモンでなければ、あらかじめ石鹸で皮を洗っておく）。
・レモン1個分の果汁を搾り、鶏肉にかける。
・鍋にシトロン・コンフィの水分を入れる。コンフィを半分に切り、すり下ろしたレモンの皮とともに、鍋の中へ。
・もう1個のレモンの皮を剥き、鶏肉の中に詰める。
・シナモンを鶏肉にふりかけ、指でよく馴染ませる。これで焼き上がりがきれいな茶色になる（シナモンの代わりに、鶏肉全体にオリーブオイルをかけてもいい。焼き上がりがパリッとなる）。
・薄くスライスした玉ねぎを全体に散らす（お好みで。なしでもOK）。
・オーブンで2時間ほど焼く。天板が回るよう設定し、全体が均一に焼けるように。
・1時間くらいたったところで、鶏肉を裏返し、反対側も焼き上げる。
・45分くらいたったところで、もう一度裏返して甘口醤油をかける。シトロン・コンフィの水分に塩気があるため、焼き上がりに塩を加える必要はない。

＊レモンの塩漬け。日本では「塩レモン」の名で販売。

ゲストがメインの鶏肉を食べているあいだに、次の話題にすんなりと入れるよう、仕向けてみよう。

パリジャンが政治についでお気に入りの話題とは……そう、セックスネタだ。

——私は、ベッドで「このconnasse〔バカ女〕」って叫ばれるの、けっこう好きだな。でも、彼氏が「このpute〔売春婦〕」なんて言ってきたら、ブチ切れちゃうだろうな。

——そう？　私は「pute」はOKだな。文脈にもよるけれど、「僕の可愛い売春婦」って言われたら、ただ単に「この売春婦！」って言われるのとは全然違うじゃない。「僕の可愛い売春婦ちゃん」って呼びかけ、なんだか可愛くて、私は嫌いじゃないよ。

どのパリジェンヌの家にも、代々伝わるレシピというものがあるので、それでゲストをもてなしてもいい。

ただ、そうしたものは下準備が必要なものばかりなので、数日前から準備を始めなければいけない（二日前には買い物に行き、前日には準備を始めるなど）。ここでも大事になってくるのが、「だから、まったく時間かけてないって。大丈夫よ」と言えるだけの心の余裕。レシピを詳しく教えてはいけないし、材料をどこで買いそろえたかなどを事細かく言ってはいけない。

ポトフ

脂を取り除くために、前日に準備を始めるといい。

■材料（６人分）

海塩と挽きたてのコショウ、牛肉　1.5キロ（*肩ロースなど、あばら肉でないほうが良い*）、形の美しいニンジン　１人あたり１本（*皮を剥き、半分に切っておく。さらに、ブイヨン用にもう１本。皮を剥いて４つに切*

る)、大きめの玉ねぎ　1個(クローブを刺しておく)、大きなニンニク1片(皮つきのまま)、大きめのセロリ　1本(4つに切る)、ブーケガルニ(パセリ、ローリエ、タイム)、粒コショウ　ひとつまみ、ネギ　4本(短めのものなら半分に、長めのものならさらに半分に切る)、カブ　1人1個、キャベツ　1個(芯をくり抜いてくし切り)、牛の脊髄　1人1本、つけあわせのピクルス、マスタード

■作りかた

・大きめの鍋に水をたっぷり入れ、塩をひとつまみ入れる。

・肉を入れる。それから、ブイヨン用のニンジン、玉ねぎ、ニンニク、セロリ、ブーケガルニ、コショウ、ネギの青い部分を少し入れる。

・蓋をして、中火で3時間ほど煮る。

・ときどき蓋を開け、スプーンで灰汁《あく》をとる。

・粗熱をとり、冷蔵庫で寝かす。

・一晩おいたら、蓋を開け、表面の脂を取り除く。鍋を弱火にかけ、その上にスチーマー(蒸し器)を載せる。

・スチーマーに残りのニンジンとカブを載せ、蒸し煮にする。15分ほどたったところで、キャベツと残りのネギを加え、さらに10〜15分蒸す。野菜はある程度食感が残っているほうがいいので、あまり長い時間火にかけない。

・骨髄の側面にしっかりと塩をふり、それぞれをアルミホイルで包む。

・もう1つ鍋を用意し、たっぷりの水を入れ、強火にかける。塩、粒コショウを加え、沸騰したところで、骨髄を入れ、10分ほど弱火にかける。

・ブーケガルニとニンニクを取り出し、肉の塊と骨髄を1枚の皿に盛る。野菜を別の皿に盛りつけ、スープも流し込む。

・冷蔵庫からマスタードやピクルスを出し、テーブルに美しく並べる。

セックスネタも尽きてきて、そろそろデザートかな、という頃に自然と出てくるのが、不倫ネタ。これは、普遍的なテーマで、誰でも一家言あるネタだ。自分の体験談も披露できるし、誰も退屈することがない。たとえば、こんな感じだ。

——恋人が私の知らない相手と一夜限りの恋愛をするのと、私も知っている相手とプラトニックな関係にあるのと、どちらが嫌かと言われたら、断然プラトニックな関係のほうが嫌だね。

——わかる。相手が浮気をしたから別れるのではなく、もうお互いを好きでなくなるから別れたくなるんだもんね。だから、別の相手との恋を妄想しているというのも、浮気しているのと同じことなのよね。

——私は、よく妄想しているよ。セックスするときだって、情報科学の先生を想像するし、博士課程にいる自分の学生を想像することだって、ご近所さんを想像することだってあるよ。所詮、たんなる妄想。現実にそうなりたいってわけではないんだよ。

——そんな話をしているんじゃないよ！　恋人とセックスをするとき、相手が毎回、同じ女のことを想像していたらやだよねって話。違いわかる？

さて、ここでデザート。チョコレートケーキのレシピというものは、パリにいるパリジェンヌの数と同じくらいの種類がある。甘めなものも、バター少なめなものも、固めのものも。でも、もうここまでくると、どんなレシピだろうと誰も気にしないだろうな。浮気ネタのほうに、みなのめり込んでいるようだから。

モワルー・オ・ショコラ

■材料（６人分）

バター　120g、ビターチョコレート　200g、卵　４個、砂糖　100g、小麦粉　80g

準備時間15分、調理時間30分（その後、10分ほど冷ます）

■作りかた

・オーブンは180℃に温めておく。

・バターとチョコレートを湯煎にかけて溶かす（つまり、材料を入れたボウルを熱湯の入った鍋に入れる。鍋の代わりに、さらに大きめのボウルに入れ、レンジにかけても）。

・別のボウルに卵を割り、砂糖を入れ、ハンドミキサーにかけた後、小麦粉を加える。

・溶かしておいたチョコレートとバターを加える。

・合わせた生地を中サイズの丸い型に流し込む。180℃のオーブンで30分ほど焼いた後、10分ほど冷ます。軽くナイフを入れ、チョコレートがつかないか確かめてからサーブしよう。

パリジャンを家に招くと、お開きになるのが夜クラブを出るのよりも遅い時間になることがある。真面目な議論あり、ときに爆弾発言あり、嘘か本当かわからないネタあり……そんなこんなを繰り返していると、退屈する間もなく、どんどん時は過ぎていく。でも、じつはお開きになってからが、一番面白い時間。ゲストたちが帰ったからといってさっさとベッドに入るのではなく、その晩のことを振り返り、コメントするのだ。ベッドでゆっくり話すのでもなければ、翌日ランチを食べながら話すのでもない。それまで待てるわけがない。少しでも早く、その晩のことを話したい。階段の吹き抜けあたりで、“報告会”をするのだ。

——フランソワーズとジャン=ポール、昔より随分うまくいっている感じじゃない？

——そうそう、ジャン=ポールが彼の親友と寝てから、またうまくいくようになったみたいだよ。

——え、彼のほうが男と浮気したってこと？

——いやいや、彼女が別の男と浮気していたら、そっちのほうがびっくりだよ。

——フランソワーズって、自宅に客を招くのに慣れてる気がするよね。

——だから、サンテミリオンがブショネだったって指摘しなかったんだ。

——違う、料理に合うワインじゃなかったのよ。ポトフにはボルドーは合わないってみんなわかっているでしょ。料理の味を壊しちゃうから。それに、確かにブショネだったからね。

——マリー、お酒飲んでいなかったよね。妊娠しているのかな。

——ははは。彼女の年齢でそれはないでしょ。

——でも、体調も悪そうだったよね。

——あなた、ある日突然私たちに降りかかってくる、どうしようもない“病気”って、何かわかる？　歳よ、歳。

——ジョルジュって、なんかミステリアスな雰囲気だよね。彼って作家だっけ？

——あなた、騙されちゃダメよ。平然と、落ち着いた雰囲気を醸し出すために黙っているだけだよ、きっと。サシャ・ギトリの言葉にもあるでしょ。「真面目なフリをすることはできるが、ウィットに富んだフリをするのは難しい」って。

——意地悪なこと言っちゃダメだよ。彼ってカトリーヌの聾啞の弟だろ。

——えーっ、そうなの!? カトリーヌがよくそんな話していたけれど、ワガママな一人っ子と言われないための作り話かと思ってたわ！

それではみなさん、おやすみなさい。いい夢を。寝る前に水を１ℓ飲むのを忘れないようにね。二日酔いを防ぐには、それくらいの方法しかないから。

クール？ それとも、
ちょっとイタい女？

　もしあなたが近視なら、そのままメガネをかけずにいたほうがいい。そうすれば、よく知っている人（とくに会いたくない人）とすれ違っても、気づかず、挨拶もできないから。自然とミステリアスな雰囲気になるので、男性陣はあなたの虜になるはず。ちゃんと目が見えている女性たちは、イライラするだろうけれど。

　心から楽しみにしていたパーティーにも、あえて遅れて到着しよう。一番最後に到着するぐらいがいい。唇の先っぽのほうでシャンパンを飲み、酔っ払いすぎてはダメ。

水平線に沈む太陽を見るように、視線はある一定のものに留《とど》まらせてみる。ラッシュアワー中に電車を待っているときも、スーパーマーケットでピザを選んでいるときも。

電話では、いつも何気なく使っている意味のない言葉をすべて省いてみよう。「こんにちは」「お元気？」「私よ」「いま、大丈夫？」といったような、あってもなくてもいいような言葉はすべて取り除き、すぐに本題に入ろう。返事が得られたら、さっさと電話を切る。最後は一応「オッケー、また後でね」と言っておく。相手には、1年後くらいにしか会わないとしても。

誰かと話をする際は、真摯《しんし》に接するべきだけど、自分のすべてを出す必要はない。

こんなふうに毎日を送っていたら、温暖化に耐えられる氷のボールの中で、一人寂しく人生最後の日を迎えることになるかもしれない。なぜなら、あなたは、あなたを優しく包み込んでくれようとしていた男にこれっぽっちも目を向けなかったから。一生の友達になったかもしれない女の子に対し、「なんて服装がダサい子」と心の中で軽蔑したりしていたから。

そんなときは、とりあえず片道切符を買って、パリにやってくればいい。

パリジェンヌが
いつも不機嫌な理由

パリの街はまるで“青空美術館”と言えるくらい、歴史的見どころに溢れている。なんてことのない小道にだって、深い歴史が刻まれているし、その石畳にだって、私たちが受け継いできたものが息づいている。それがきっと、多くの観光客を惹きつける理由なのだろう。でも、住んでいる者にとっては、この「歴史」こそが、厄介なものだったりもする。ご先祖さまの魂が、いつだって「君はパリに住むのにふさわしい人間かい？」と声をかけてくるような気がしてならないから。

歴史に名を刻んだ女性たちの主張は、いまもパリジェンヌの考えに大きな影響を及ぼしている。たとえば、ルイ13世と14世の時代、宮廷にいた貴婦人。彼女たちは、当時はびこっていた女性蔑視的な考えと闘おうとした。男性たちが「愛している」と言いながらも、じつは自分たちを見下していることに不満を覚え、もっと優しさと節度を持って接してほしい、耳元で優しく愛をささやいてほしい、と訴えたのだ。つまり、ただベッドへ強引に連れ去るのではなく、洗練された物腰で、相手の心を想像しながら声をかけてほしい、と。

そんな流れを牽引していたのは、作家マドレーヌ・ド・スキュデリ。彼女は、小説のなかで「恋の国の地図」という空想上の地図を描いた。「恋」という名の土地へたどり着くためには、たくさんの“小さな村”を越えなければいけない。つまり、一つひとつの段階を経て初めて、相手の心にたどり着くことができる、と説いたのだ。そんなフランス初のフェミニストたちの主張を、現代のパリジェンヌはどこかで受け継いでいる。これは、親から譲り受ける古いタンスのような、親と同じところにあるホクロのようなもの。

とくに意識することはなくとも、この「恋の国の地図」は、私たちのメンタリティーのなかに生きている。パリジェンヌは必要不可欠な段階を踏まずして、良き人間関係を築くことはできない。でも時間をかけるからこそ、強い絆が生まれる。パリジェンヌはすぐに心を開かないので、簡単に友情は築けない。でも、だからこそ一度できた絆は「神に誓って」死ぬまで固く結ばれるのだ。

パリジェンヌ的スノビズム

＊12月31日の夜、友人を呼ばず、たった一人で牡蠣《かき》を平らげ、深夜０時を回る前にベッドに入る（なぜなら前日に友人たちを呼び、前祝いをし、大満足だったから。大晦日まではしゃぐ必要はない）。

＊テーブルにつき、周りの人々にやたらめったら“Bon appétit!〔良い食事を！〕”と言わない（塩入れが届かない場所に座っている人に、ご丁寧に遠くから手渡しするなんて、ムダな気遣いもやめる）。

＊パーティーが盛り上がっているときに、さっさと帰る（自分主催でも）。

＊とりあえず「黒」に「ネイビーブルー」を合わせてみる（イヴ・サン＝ローランのピンクと赤のように）。

＊初めて会った人に対し、「初めまして」と言わず、「お近づきになれて、嬉しく思います」と言っておく（近い将来、深い関係になる相手かもしれないから）。

＊マルセル・プルーストのA la recherche du temps perdu《失われた時を求めて》のことは、こなれた感じでLa recherche《求めて》と言っておく。

＊メールでは、略語を使いすぎない（顔文字は、友達にだけにして）。

＊モードを追いかけすぎない（モードが私たちを追いかけているのだから）。

＊何があっても自制心は失わない（やらかしてしまったこともあるけれど）。

＊世代の違う友人がいる（自分より若い人も、歳をとっている人も。でも、とくに歳上の友人を大事にする）。

＊自分がスノッブであることを認めている（人からスノッブじゃないと思われたら、一気に機嫌が悪くなる）。

ある日の
オフィスでの出来事

目覚まし時計を止めてからもう随分時間がたつというのに、まだベッドから起き上がれない。急がなければいけない気がするだけで、本当のところは、ベッドでまどろむという貴重な時間を手放すほどの理由なんてない。職場では、同僚たちが待ち構えているだろうな。そんなことをぼんやりと考えながら、助けを求めるようにとりあえず、シャワーを浴びる。心にあるのは、昨夜はかなり遅くまで遊んでしまったな、ということだけだ。家から一歩出ると、不本意にも仕事に向かう人々の流れに飲み込まれそうになった。朝ダラダラしてしまったことへの罪の意識が急に芽生え、いまにも出発しそうなバスに飛び乗ろうと、大急ぎで走る……結局乗ることはできなかったけど。仕事へ向かう途中、どんなアリバイなら通用するかを必死で考える。思いつくもののなかから、ここ数週間ですでに使ってしまったものを、一つずつ取り除いていく。時間がたつにつれ、不安な気持ちが少しずつ膨らんでくるのがわかった。息を切らせながら職場のドアを開けると、涙が溢れてきた。まだ一日が始まったばかりだというのに、すでに疲れ果てた顔になっている自分にあえてその理由を尋ねてくる人なんていない。同情の眼差しが向けられるものだから、自分が本当に苦しんでいるような気さえしてしまう。そんな悪循環に襲われた。

席についても、頭がぼーっとしていて、仕事なんてまったく手につかない。パソコンに向かい、なんとなくキーボードを打ってみるも、思い出すのは、昨夜一緒にすごした男の顔だけ。彼とはセックスどころか、キスすらしないで終わった。自分が思い描いていた世界から完全にはじき出され、見知らぬ人にどこかに捨てられたような気分に。同僚が仕事の質問をしてきたので、明らかに間違っているなと思いつつも、とりあえず適当にアドバイスをしておいた。すると、目の前に座っていた別の同僚が助け舟を出そうと口を出してきた。その言葉を聞いて、イライラがマックスに達してしまった。キレやすい性格であるのが、みんなにバレてしまったな。でも、しょうがない。その場にいた人たちが明らかに戸惑っているというのに、全然怒りが収まらない。それから仕事が終わるまでのあいだ、誰一人として声をかけてこなかった。ちょっとだけ気持ちが落ち着いてきたので、「仕事ができないわけじゃない」ということはちゃんと示さねばと思い直し、大急ぎで書類をまとめた。あえて難しい交渉に臨むこともした。プライドだけはあるから、人に代わってもらうことなんてできない。オフィスを出る頃には、とても充実した一日だった気さえしていた。「今日は１杯飲んでから帰ろうかな」お酒を飲む資格くらい、自分にだってあるはずだから。

子育ての本音：
どうしても受け入れられないこととは

パリジェンヌは、基本的に“美しすぎるベビーシッター”が大嫌い。お世辞にも美人とは言えなくても、能力の高いシッターを雇うほうを好む。

「娘がませていて困るのよね」なんて、うんざりした表情でブツブツ言っていることもあるけれど、別に本当に困っているわけではない。たんに「頭がいい」と言いたいだけ。「生まれつき母親に似てね」と言いたいだけなのだ。

退屈とわかっているパーティーに呼ばれたときは、子供が病気ということにする。だけど少し時間がたつと、罪の意識が芽生えてきて、神様か誰かが嘘を見抜き、仕返しとして本当に子供を病気にしたらどうしよう、と気が気でなくなる。意外と小心者なのだ。

子供のオムツを替えるときはあからさまに嫌な顔はしないけれど、公の場で「子供が下痢」だとか「胃腸炎で吐いている」なんて言葉は口にしない。小児科に行っても、こうした単語を使うのをためらう。

母乳で育てることに執着はない。大切なのは、自分がそうしたいかどうかだけ。頼んでもいないのに、授乳に関するアドバイスをしてくる輩《やから》には用心したほうがいいと思っている。それが男性ならなおさら。

ときには、子供を自分のベッドに寝かすこともある。なぜなら、これは育児本などで「やってはいけないこと」とされているから。他人と同じような子育てはしたくない、と考えるパリジェンヌは、ダメと言われるとついやってみたくなる。

親友と電話で話しているときに、子供に邪魔をされないよう、とりあえず飴でも買っておく。

子供の遊び仲間のなかには、とくにお気に入りの子供がいる。ほかは、本当にバカなんじゃないか、と思う子ばかり。基本的にパリジェンヌは、そうした感情を隠そうとはしない。本心を偽って偽善的に生きるのは、子供にとっても良くないことだと思うから。

子供たちと一緒に、架空の話を作るのも好き。何時間でもやっていたいと思うし、自分もそこで暮らしたいとさえ思う。大人として稼がなくてもいいのなら、という話だけれど。

どうやっても格好つかない女

＊仲の良い友人に、ある女友達の悪口を書いてメールするつもりが、間違って本人に送ってしまった。悪口を書きながらあまりにも強く彼女のことを考えてしまい、そのまま本人の名前を選んでしまったのだ。

＊もっと悪いのは、彼女の前でそのことを詫びても、一瞬たりともそんな戯言《たわごと》を信じてくれないこと。彼女は、居心地悪そうにしている私を嬉しそうな顔で見ている。

＊パーティーですれ違って挨拶を交わした、なかなかいい男が再び近寄ってきたと思ったら、笑顔で「やあ、アン」と言ってきやがった。私の名はオドレイだっていうのに。

＊就職面接で、椅子に座ったとたんストッキングが伝線した。「穴があいているから気をつけねば」と意識しすぎたせいだ、きっと。面接でどう答えるべきか事前に考えていたのに、すべて忘れてしまい、結果採用されなくて貯金も底を尽きそうに。

＊友人カップルを家に招いた。でも、敬虔なイスラム教徒であることを忘れて、豚肉のローストを用意してしまった。

＊ピルを服用する時間を忘れないように、朝の11時に携帯のアラームを設定していたら、仕事の打ち合わせ中なのに、鳴ってしまった。目の前に座っている相手が、目覚まし時計の音だと思ってくれたらいいんだけど。

＊翌日、ある男の横で目が覚め、前日にピルを飲み忘れたことを思い出した。だって前日の11時は、仕事の打ち合わせ中だったから。

＊父親が不倫相手に送るはずのいやらしいメールを、間違えて自分に送ってきた。エディプスコンプレックスから解放されたような気がする。

＊シャンパン、ウォッカ、シャンパン、ウォッカ、シャンパンと繰り返し飲み続けて、そのまま朝コーヒーを飲む時間を迎えてしまった。

＊Twitterのせいなのか、自分でも覚えていないような写真が職場で出回ってしまった。

＊さらに救いようがないことに、それを昔アップしたのは自分だ、と気づいてしまった。

＊受信トレイに、456通もの未読メールが溜まってしまった。

＊そのなかにヘッドハンティングの誘いのメールがあった。でも、すでに1年もたっているので、期限切れもいいところ。

＊誕生日に最初にかかってきた電話が、銀行の担当者からだった。

＊そして、まるで申し合わせていたかのように、次に税務署からかかってきた。

＊気に入った男性といい感じになりそうな夜に、お尻に吹き出物ができてしまった。

男を動揺させる方法

＊約束の15分前にドタキャンしてちゃんと謝るものの、理由は一切言わない。

＊相手が「パーティーはどうだった？」と聞いてきても、「楽しかった」など5文字以下でしか返事をせず詳細は語らない。そして、そのまますぐに一人で寝る。

＊口では政治の話をしているのに、目ではセックスの話をする。

＊ふだんは正直に自分の気持ちを口にしているくせに、「元気にしてる？」と聞かれたら、「最悪」と答える。

＊夏なのに、ブラジャーをつけるのを本気で忘れる。

＊会議中に、さりげなく片手を相手の太ももに置き、挑発する。

＊ケンカをしても、話し合いで解決するのではなく、セックスでなんとかしようとする。

＊ヒールの高い靴を履いて階段を下りるとき、見知らぬ男性の袖にしがみつく。

＊相手が支払いをする前に、自分で会計を頼み、払ってしまう。

＊とくに面白いことがあったわけでもないのに、「今日は、人生で一番輝いている日だわ！」と、叫び出す。

スポーツジムにて：午後6時のジレンマ

これからする話は、とても個人的なもので、ここでは「午後6時のジレンマ」と名付けてみたいと思う。

「疲れた身体を引きずって、わざわざジムに行く必要なんてあるのだろうか」毎日午後6時に仕事が終わると、私の頭の中はこんな疑問で埋め尽くされる。運動嫌いだった私が、スポーツジムに通おうと決めたのは、ある“事件”がきっかけだった。それは、私が実家の母親のもとを訪れたその日に起こった。娘の私が言うのもなんだが、若い頃の母はそれはそれは美しい人だった。しかし、ここ10年ほどだろうか。その美しさは跡形もなく、どこかへ消え去ってしまった。たいして外へ出ず、家にこもりっきりだったのがいけなかったのかもしれない。そして、決定的な瞬間は、母親がコーヒーを用意してくれているときに起こった。横にだらしなく広がったお尻と、なんとも重そうな腰まわりが私の目に飛び込んできたのだ。あまりにもショックで、「女性に更年期を与えた神は、女性蔑視だったに違いない」なんてどうでもいい考えが頭に浮かんできた。この私が、あんなみっともない姿になるわけにはいかない。憎き遺伝子と重力に逆らおう。そのためには、スポーツジムに行くしかない。そう強く自分に言い聞かせたのだ。

さて、ジム初日。多少ドキドキしながら、恐る恐るジムの中に一歩を踏み出した。ウェアがまったく自分にフィットしていないのがわかる。どこかから引っ張り出してきた古いコンバースに、買ったものの一度もはいたことのなかったジャージのパンツ。受付で自分の名前を伝える。ちなみに、私は生まれてこの方“スポーツ少女”と呼ばれたことはない。自信なんてあるわけがないけれど、それを周囲に気づかれるのは癪《しゃく》だ。ランニングマシーンの使いかたなんてわからないけれど、人に手伝ってもらうのは嫌だったので自己流に操作したら、とんでもなくおかしなリズムになってしまった。片方の足がもう一方の足の前に出てきてしまうし、気づけば両足外向きになっている。だけど、自分が「ここまで」と決めた時間の前にギブアップするなんて、私のプライドが許すわけがない。呼吸が苦しいのは、アルコールにタバコ、パーティー三昧に睡眠不足という、荒《すさ》んだ生活を送っているからに決まっている。でも、多少のこむら返りはあったものの、続けているうちに身体はなんだかすっきりしてきた。運動を始めてから23分後。ジムを出るときには、背筋も伸びた気がして「絶対にまた来よう！」と心に誓った。

――なんて思っていたのが、つい1ヵ月前のこと。その日から毎日午後6時になると、あの葛藤が始まる。**母親のデカすぎるお尻を思い浮かべ「ジムの会費も決して安くはないし」なんて思ってみる。**どう考えても行くべきなのだけど、足がジムのほうへ向かうことはない。どっと疲れが出てきて、「今日はやめよう」という結論に至る。仕事終わりに、1杯飲みに行っている友達からお誘いがあるかもしれないしね。そんなとき、本当に電話が鳴った。まるで、私の葛藤を知り、試しているかのように。電話で楽しく話していると、スポーツジムに行くかどうかなんて、どうでもいい問題のように思えてきた。とりあえず、「明日こそジムに行くこと」と、頭の中にペタッとポストイットを貼っておく。自分がこんなにも悩まなければいけないのは、母親がちゃんとスタイルをキープしようとしてこなかったせいだ……そんな恨みつらみは、すぐに消えてしまうのだけど。

午後7時。結局、友人たちと合流し、赤ワインを注文してしまった。もうスポーツジムのことなんて、頭の片隅にもない。

パリジェンヌが陥りがちなシチュエーション　その2

_BUT YOU TOLD HIM NEVER TO CALL YOU AGAIN!

でも、彼に「もう二度とかけてこないで！」って自分から言ったんでしょ。

_I JUST CAN'T BELIEVE HE ACTUALLY LISTENED.

その通りにするとは、思わなかったのよ。

パリジェンヌな〝雰囲気〟の作りかた

3.

CULTIVATE YOUR ALLURE

24-Hour
Look

絶対に
必要不可欠なもの

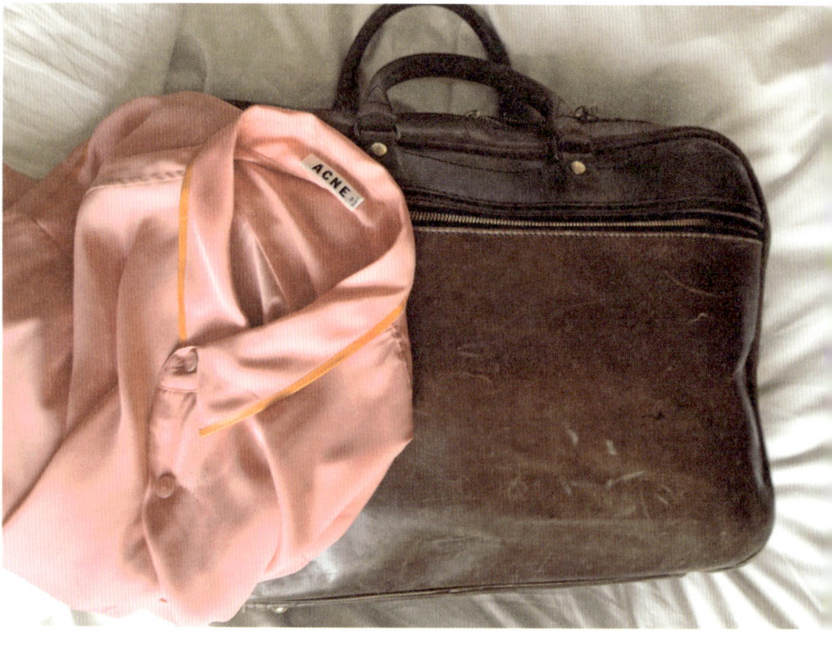

ジーンズ　いつでも、どこへでも、どんなトップスと合わせても。これがクローゼットから消えた日には、パリジェンヌは着るものがなくなって、素っ裸でいるしかなくなる。

男性ものの靴　履くたびに、「こんなシックで真っ平らな靴は、女性が履くようなものじゃないよ。君は何にでも反発したがる人なんだね」と周りの人々に言われてきたから。“反骨精神”というのは、パリジェンヌのスタイルのモットーでもある。

鞄　これはたんなるアクセサリーなんかではなくて、ある意味「家」みたいなもの。家がぐちゃぐちゃに散らかっている人は、たいてい鞄も同じくらいぐちゃぐちゃ。押し葉にしておいた四つ葉のクローバーも、電気代の請求書も一緒になって入っている。素敵な鞄を使っていれば、それだけで救われる。鞄に気をとられ、誰も中身なんて気にしないから。

黒いジャケット　お世辞にもキレイとは言えない、いつもはいているジーンズに合わせても、なぜかエレガントに見える。何を着るかを考えたくない日でも、これさえあればなんとなくサマになる。張りきってお洒落しているように見えないのもいい。

バレリーナシューズ　スリッパ（じつは一度も買ったことがない）のような感覚で履けるから。いい女は、「快適さ」と「上品さ」を兼ねそなえたものを選ぶ。オードリー・ヘップバーンもそうだった。

絹のスカーフ　さまざまなシチュエーションで役に立つ優れもの。暗い色の服に合わせると、よいアクセントになる。「流行遅れではないか」なんて気にする必要がないのもいい。雨が降り出したときは、ロミー・シュナイダーのように頭からすっぽりかぶっても。ハンカチを持ち合わせていないとき、娘の鼻水をふくのにも使える。

真っ白いブラウス　女性をきりっと見せる鉄板アイテムだし、流行を選ばないから。

長いトレンチコート　本当に寒いなら、ダウンを着たほうがいいに決まっている。でもダウンを着ると、脇腹に贅肉がついているように見えてしまう。

大きなショール　なぜなら、まさにダウンを持っていないから。ダウンを着ない主義などと騒いでも、寒いものは寒い。そんなとき、便利なのはこれ。

肩にすとん、と落ちる大きめのセーター　パーティーの翌日に着るといい。羽布団に潜り込むような感じで。前日に食べ過ぎて腰回りが重いな、と思うときにも、これさえ着ていればうまく隠せる。精神安定剤のような役割も果たしてくれる。

大きめのシンプルなサングラス　太陽の光が眩しすぎるから、二日酔いだから、涙が止まらないから、ややミステリアスな雰囲気を醸し出したいから……。たとえ雨が降っていても、いつだってサングラスをかける理由はある。

大きめのシャツ　ただのお利口さんに見られないように、いつも胸元のボタンを一つ多く開ける。パリジェンヌは、恋人から借りた大きめのシャツを着るのが好き。別れても返さずに私物化し、ほかの男とつき合ってもそれを着続けている。恋の相手は変わっても、好みのスタイルというものは、そう変えられるものではないから。

シンプルだけど、値は張るTシャツ　「自由」が人々を導いたように、「矛盾」というものが人生を形作る。ちょっとした高級感を付け足せば、世間の流行に合わせるのも悪くない。だから、理想のTシャツ探しに何時間もかける。薄いニット地で、やや透け感のあるものなら、まるでカシミアを着ているような気分に。

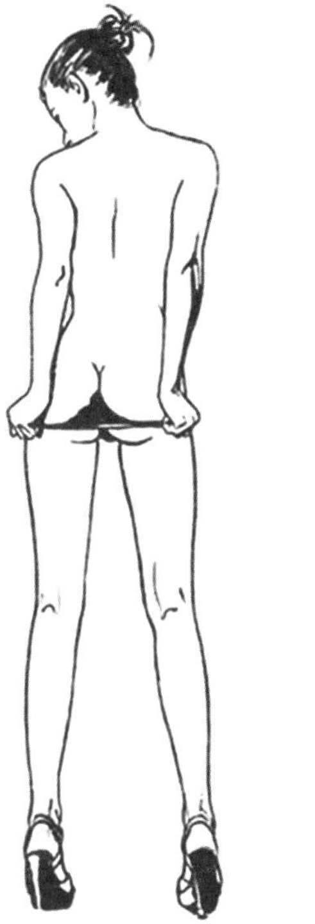

セクシーな女を作る「３cmルール」

「男が女に深さを求めるのは、デコルテのみである」――そう言っていたのは、ザ・ザ・ガボール。

きっと、その言葉は間違っていない。だけど、必要以上に胸元を開け、デコルテを主張しすぎては、相手の想像力をかき立てない。自分からすべてを語ってしまっていて、相手に「もっと知りたい」という気を起こさせないのだ。まだ誰も前菜に手をつけていないのに、デザートを押しつけられているような。聞いてもいないのに、自分のことをペラペラしゃべってくるような相手には、「質問してみたい」という気が失せるものだ。

パリジェンヌは、「やり過ぎは逆効果」ということをよく心得ている。彼女たちには、彼女たちなりの“肌見せのルール”がある。それはいたってシンプルなもの。「肌を見せるなら、３cmまで」というものだ。

たとえば、カフェに座っているとき。自然にスカートが少し上がり、腿がちょっとだけ見えてしまう。店員に声をかけようと手を挙げたとき、少し襟が広めのTシャツから、反対側の肩がわずかにのぞく。下に置いてある鞄を取ろうと腰を屈めた際、ほんの少し胸の谷間が見える。

どんなときでも、それはきっちり３cmでなければいけない。それ以上でも、以下でもない。

これは、想像力に火をつける絶対的な数字だ。「続きを知りたい」「どんなふうに生きてきたのかを知りたい」「シャツを引きはがしてみたい」という気にさせる。パリジェンヌは、ミステリアスな雰囲気を上品に演出し、自分の裸を相手に想像させる。そして案の定《じょう》男たちは、ヒールを脱がすチャンスをくれと言わんばかりに、彼女にひざまずく。たった３cm。それで充分なのだ。

パリジェンヌの
本棚の中身

パリジェンヌの本棚にはたくさんの本が眠っているのです！

＊「あれはもう読んだ」と何度もうそぶいているうちに、本当に読んだと思い込むようになった本

＊小学生の頃から持っていて、主人公の名前ぐらいしか記憶にない本

＊自分では買おうと思わないけれど、恋人がむさぼり読んでいる刑事物の本

＊「これで教養を深めなさい」と言って、両親が毎年贈ってくれるアート本

＊どうしても欲しくて、自分で買ったアート本

＊「次の夏休みこそ読もう」と10年ほど前から、自分に言い聞かせている本

＊タイトルだけ好きな本

＊カルチャーに関する知識を植えつけてくれた本

＊何度も何度も読み重ね、年齢や自分のおかれた状況が変わるにつれ、異なる意味合いを持つようになった本

＊昔好きだった人のことを思い出す本

＊もしも子供が生まれたときのために……と考え、とりあえず残している本

＊スラスラ暗記できるほど、最初の10ページだけ100回以上も読み込んだ本

＊全部まとめて置いておくと、読書家のように見せてくれる本

しっかり最後まで読み、それらに影響を受け、
いまの自分を形作っていると思える本：

『異邦人』	アルベール・カミュ
『素粒子』	ミシェル・ウエルベック
『選ばれた女』	アルベール・コーエン
『悲しみよ　こんにちは』	フランソワーズ・サガン
『ボヴァリー夫人』	ギュスターヴ・フローベール
『うたかたの日々』	ボリス・ヴィアン
『ロリータ』	ウラジーミル・ナボコフ
『悪の華』	シャルル・ボードレール
『夜の果てへの旅』	ルイ=フェルディナン・セリーヌ
『失われた時を求めて（1）　スワン家のほうへ』	マルセル・プルースト

Gainsbourg
Je suis venu te dire que je m'en vais
PHILIPS
Les Carnets du Rond-Point
NADINE BAER · des souvenirs
ALEXANDRE LASCAR
ODILE BEREST
Robert Darde et les siens
Paul Morand
Mythologies
Système de la Mode

ミニスカートに隠された「自由」

白いTシャツに合わせても、柄物のシャツに合わせても、ミニスカートをはくときは「デコルテで誘惑しよう」なんて考える必要がなくなる。とにかく下品にならないよう気をつけるべきだ。ヒールは低く、メイクは控えめに。ミニスカートだけで「魅せる」。デニムでも、コットンでも、革でも、基本はシンプルで、ラインがキレイに見えるものがいい。

フランス人女性にとって、ミニスカートは男を誘惑するための道具などではない。むしろ、「自由」のシンボルとされている。その理由は、ミニスカートが生まれた背景にある。ミニスカートは、1960年代の「スウィンギング・ロンドン」の時代よりも、遙か昔にパリで生まれた（少なくとも、パリジェンヌはそう信じている）。世界で初めてのミニスカートは1920年代、パリの服飾デザイナー、ジャン・パトゥが作ったものだった。テニス界のエースだったフランス人、スザンヌ・ランランが夏のオリンピック用に新しいモデルのデザインを依頼したのだ。それは、「ランラン・モデル」と呼ばれ、新たなスタンダードとなった。男の世界で闘う“強い女”でありながら、女性らしさを失わずにいられる――。当時、それがとても新鮮だった。

そのときから、ミニスカートは「見せる」「隠す」の両方を持ち合わせるアイテムとして認識されるように。「着る」「脱ぐ」という行為のあいだを行ったり来たりしているような。全裸ではないけれど、素肌をまったく見せないわけでもない。絶妙なバランスをもたらしてくれる。

フランソワ・トリュフォーの映画『恋愛日記』（1978年）には、こんなセリフが登場する。
「女性の脚というものは、まるでコンパス。自分の感覚で地球を測り、バランスとハーモニーを生み出すんだ」

肌について

10代の頃に聴いていたラブソングに「あなたの肌は――」なんて歌詞が多かったのを覚えているだろうか？

肌は、最も自分を輝かせることができるパーツであると同時に、自分自身でケアできる部分でもある。シワの数は、自分で数えることだってできる。きれいな肌というのは、言ってみれば“教育”の賜物なのだ。

フランスにおいて「美」は、ある意味とても表面的なものだ。化粧さえしていればいい、という意味ではない。内面にあるものはどんなに隠そうとしても、外見に表れてしまう。パリジェンヌは、小さい頃に母親から鏡を手渡され、「顔は内面を映す鏡」であることを学ぶ。母親たちは「タバコを吸うな」とか「お酒を飲み過ぎるな」とか口を酸《す》っぱくして言うのではない。ただ、そうしたものが肌にどういった影響を与えるかを教え込む。夜な夜なパーティー三昧な日々を送っていれば、目の下や唇の端に、くすみやシワとなって現れてしまう。だから、やり過ぎはダメよ、と子供たちに伝えるのだ。

では、パリジェンヌはどうするのか。ルールは簡単。将来に備える必要はあるけれど、いまを犠牲にする必要はないということ。ありのままの肌で、なんとかやってみようと試みる。自分が持って生まれたもののなかで、一番いい部分を強調してみようと考えるのだ。母親たちは、魔法のように効くクリームを知っていて、それを娘に受け継ぐ。だから大きくなってからも、顔用、首用、胸用、そして足裏に至るまで、それぞれのパーツに適したクリームを塗る。浴室には数えられないほどのクリームが転がっているはずだ。

若い頃は、化粧を落とさずに寝て、後悔したこともあるかもしれない。面倒だし、確かに時間もかかるから。ある程度の年齢になったって、パーティーで帰りが遅くなった日は、そのままベッドに入って寝てしまいたいこともある。でも肌を守るためには、化粧を落とすことだけは絶対に怠ってはいけないのだ。

たとえ大金持ちだったとしても……

全部の指に指輪をじゃらじゃらつけるつもりなんてない。指輪一つひとつに大きなダイヤモンドがついているなんてこともありえない。

立派な車１台買えてしまうような値段の時計も、身につけたりはしない。

そもそも、立派な車を所有したことなんてないけれど。

ブランド名を大々的に宣伝してくれる鞄を持つことに、たいして興味もない。

その代わりといってはなんだけど、こわきに抱えているのは、そこそこ頭が良くなければ読めない新聞だ。

ここぞという機会があれば、会話に、サルトルやドゥルーズの言葉を引用したりもする。

人から認められたい、とは思うけれど、あくまで話す内容から判断してほしいと思う。会話こそが、内面の豊かさを示すものだと思うから。

黒は女を輝かせる色？

表向きは……

クローゼットにある服がすべて「黒」だからと言って、別に喪に服しているわけじゃない。むしろ逆。パリジェンヌにとって、黒は「パーティーに着ていく服」。明け方まで踊り続けたい、パーティー大好きな女の子たちの色だ。まわりがみな黒を着ていたとしても、不思議と黒は映えるのだ。それは、真夜中に石畳をヒールでコツコツ音をたてて歩くようなタイプの女性なら、みな知っていること。あえて「白」を選び、人目を惹いたほうがいいのでは、と考える人もいるかもしれない。でも、いつも全身黒でまとめていたって、決して単調とは見られない。これは、パリジェンヌならではのスタイルだ。「黒という色は単数ではない。複数で語るべきものだ」と言ったのは、イヴ・サン=ローラン。まるで「黒」という色は、サン=ローランのセリフとともに生まれたかのように、この言葉はパリジェンヌにとって、特別な意味を持つ。彼は「黒でまとめあげるのは、とてもアーティスティックなこと」と人々を納得させた。神が光を作ったのだとしたら、サン=ローランは光を消し、黒という色を世に広めていった人物といえる。

実際は……

だけど、これらはあくまで表面的な解釈で、パリジェンヌが黒を着る本当の理由は別のところにある。なんだかんだ言ってパリジェンヌは「自分はおしゃれじゃないかもしれない」という恐怖を抱いている。「センスがない」と言われるのが怖いから、便利で使いやすい黒を身にまとうのだ。つまり、黒とはどこにでも入れる便利な合い鍵のようなもの。「センスがない」という事実だって覆い隠し、それなりに見せてしまう。「とりあえず、黒を着れば仲間に入れてもらえる」なんて集団心理も働いてしまう。でも、「みなと同じものを着ている」とパリジェンヌに指摘してはいけない。そんなことをしたら、機嫌を損ねるだけ。相手はヒールを履いたままくるっと後ろをむき、不機嫌なままどこかへ消えてしまうのは目に見えている。

孤独な時間、至福の時間

カフェのテラス席に座り、たった一人コーヒーを飲む。

行き交う人々を、じっと観察してみる。家族連れ、はしゃぎ回る子供たち、むさぼるように本を読む若い女性。道に迷い途方に暮れている観光客に、バスに乗ろうと猛ダッシュする男性……。そして足下にはサクラの葉が散っている。

誰とも約束なんてしていないし、どこか別の場所で待っている人がいるわけでもない。ここにいなければいけない理由なんて、何一つない。ずっと、ここにいることだってできるし、その場を離れたくなったら、すぐに席を立てばいい。自分がどうしたいかがすべて。多少のリスクはあっても、何にも変えられない「自由」がある。それが、このうえなく心地よい。

誰も自分の存在を気にかけないし、年齢や職業を聞いてくる人もいない。もう一度、一から人生を切りひらける。心臓の音を確認し、すーっと息を吸い込み、内なる声に耳を傾ける。ぼーっとするだけで、何もしない。文字通り、本当に何も。こんなひとときを、心ゆくまでじっくりと味わう。こんな時間は自分だけのもの。自分の責任で、自分の未来を決められる。

いつも分刻みのスケジュールで、すべてがあらかじめ計画されていたかのような日々。決まった場所を行き来するだけの毎日だった。だ

けど、いまこの瞬間だけは、携帯電話の電源を切り、どこで何をしているかを誰にも知られていない。いつもと違うことをするのは、なかなか刺激的だ。どんなことだって、できそうな気がする。

いますぐこの場から消え去ることもできるし、タクシーをつかまえ、飛行機に乗り、カラカスやウランバートルに飛ぶことだって、一日じゅう映画館ですごすことだってできる。気が小さいから、普段は見知らぬ人には簡単に話しかけられないけれど、カフェでお隣さんが読んでいる本をネタに「わあ、ツルゲーネフは読んだことないな」なんて、声をかけることができる気がする。それから、話を発展させて、最近様変わりしたこのエリアについて議論することだってできそうだ。公園でちょっと休憩をしてもいいし、見知らぬ人に話しかけられたら、相手をしてみるのも悪くない。だって、その人にはもう二度と会わないだろうし、自分の名前も、どこで生まれたかも、兄弟の名前も、耳の形にどれだけコンプレックスがあったかも、相手は知らないから。なぜ数学の試験でカンニングをしてしまったかも、なぜ朝セックスをするのが好きなのかも、相手は知るよしもない。ただこの時間を、家に帰るまでのこの一瞬の時をともにすごすだけだ。

再び携帯の電源を入れ、メールに目を通す。そして、すぐに返信がなく心配しているだろう近しい人々へ、メールを送る。

退屈な時間とは、秘密の花園のようなもの。

孤独とは、じつはとても贅沢なものなのだ。

麗《うるわ》しのネイビーブルー

「私は、ネイビーブルーのセーターを着て
プールの底を触ってみたの。
肘は破けているけれど、縫い直すつもりはないわ」

1980年代、イザベル・アジャーニが歌った『マリン・ブルーの瞳』〔原題は「ネイビーブルーのセーター」〕はフランスで大ヒットを記録。ラジオをつければ、朝から晩までこの曲が流れていた。この歌詞を何度も何度も聴きながら、パリジェンヌは大人になった。ちょっと悲嘆に暮れた、瞳と同じ色のVネックセーターを着た美しい女性を想像しながら。アジャーニの瞳を拝借することはできないけれど、ネイビーブルーのセーターを着ることだったら自分にだってできる。穴があろうがなかろうが、そんなのはどうでもいい——そう思いながら、みなこぞってネイビーブルーのセーターを買いに走った。ネイビーブルーのセーターを“憧れの対象”に押し上げたのは、アジャーニにほかならない。厳密には、彼女のためにこの曲を作ったセルジュ・ゲンズブールだが。それまでフランスでは、ネイビーブルーは「消防士の制服の色」でしかなかったが、この曲が世に出たことで、「女性を輝かせることができる色」に生まれ変わった。天下のゲンズブール様がそう言うのだから、パリジェンヌは黙って従ったのだ。パリジェンヌは、冬に巻く大きなショールにも、ジーンズにも、そしてボーダーの服にもネイビーを取り入れ、周囲の視線を独り占めしようとする。ネイビーブルーは深い夜の色であり、パリジェンヌが愛してやまない「黒」のトーンにも近い。「ブルー」と「黒」を同時に取り入れてはいけない、というモードの大前提を崩すことにはなるけれど。パリジェンヌは、そんなルールは気にせず、ミステリアスな雰囲気を醸し出そうと、ネイビーブルーの服に手を伸ばす。そしてアジャーニのように、暗いトーンにアクセサリーを加えることで、ポイントをおこうとする。「本当は隠したいものをすべて見せるために、サングラスをかけるのだ」と、歌詞にあるように。

アメリカ人作家が見た
パリジェンヌ

何であれ見映えがする夕暮れの光の中、三人は街をジグザグに進んでいった。パリっ子たちはもともと様になっていたが、今はまた一段とそう見えた。

クレアが二人を連れていったレストランは、ラテンクォーターの狭い通りにあった。壁にモロッコタイルを貼った小さな店だったが、よくにぎわっていた。ミッチェルは窓に面した席につき、外の絶え間なく続く人波をながめていた。そのうち、ジャンヌ・ダルク風の髪形の二十代はじめと見える女が、窓ガラスの真ん前を通りかかった。ミッチェルがその女を見つめていると、相手は驚くべき反応を示した。ミッチェルのほうを振り向いたのだ。女は性的意味を隠そうともせずにミッチェルと視線を合わせた。といって、べつにミッチェルとセックスしたいというわけではなさそうだった。ただ、晩夏の夕暮れに、こんな思いを浮かべて満足したのだろう。相手は男で自分は女、相手が自分を魅力的と認めたならばそれで十分だ、と。

――ジェフリー・ユージェニデス『マリッジ・プロット』
（佐々田雅子訳、早川書房刊）

心の中にいる「3人のシモーヌ」

パリジェンヌは何か大きな壁にブチ当たると、ある「シモーヌ」のことを思い出す。シモーヌ・ヴェイユ、シモーヌ・ド・ボーヴォワール、シモーヌ・シニョレのうちの誰かだ。誰に最も共感するか、はっきりと分かれるのも面白い。共感するシモーヌが違っても、つき合いはあるし、会話もするし、お互いを好きだったりもする。でもどこかで、「あの人とは出自が違う」と感じていて、秘密の絆を持っている相手のほうがいいと思っている。といっても、同類であることには変わりないし、互いにライバル視しているわけではなく、「スノッブさ」という共通点でつながっている。

シモーヌ・ヴェイユ　弁護士、政治家

激動の時代を力強く生き抜いた女性として知られる。ユダヤ系の生まれであるシモーヌ・ヴェイユは、ドランシー収容所、アウシュヴィッツ=ビルケナウ強制収容所、そしてベルゲン・ベルゼン強制収容所に送られたが、そこでなんとか生き延びたという壮絶な過去を持つ。1975年、保健相を務めていた時代に、妊娠中絶を合法化する法案を通し、フランスの歴史に名を刻むこととなった。女性に「選択する権利」を与えたのだ。このことにより、彼女は極右から総攻撃されるようにもなったが、そんなことでくじけたりしなかった。

ヴェイユは「自分の仲間である女性たちのために闘う、賢い女性」として人々の心をがっちりとつかむようになった。芯がブレず、ときに自ら危険を冒そうとする彼女は、政治的関心の強い女性たちの憧れでもあった。どんなときも、女性の「痛み」をわかろうとしていたのだ。フランスの高学歴女性が自分たちの意志を表明しデモに参加するようになったのも、少なからずヴェイユの影響といえる。自分の意見を主張するということは、自分がどんな人間かということをしっかり定義づけ、自分なりのスタイル（ティーンエイジャーがゴシックスタイルに憧れるような感覚）を持つことと同義語である——パリジェンヌがそう考えるようになったのも、ヴェイユの存在があったからこそなのだ。

覚えておきたい言葉：私は男性社会のモデルを強要されず、
女性として受け入れられることを要求する。

シモーヌ・ド・ボーヴォワール　作家、哲学者

従来の結婚の形を否定し、愛する人と契約結婚を結ぶ――。いまでこそ、とてもフランス的と言われるスタイルを、1929年の時点で一人実践していたのがシモーヌ・ド・ボーヴォワール。ジャン=ポール・サルトルと生涯をともにしながらも、夫の名字を使うことはなく、「○○の妻」に成り下がることを全身で拒否した。サルトルと公私にわたり影響を与え合った著名な作家であり、ご多分に漏れずフェミニストでもあった。父親は、彼女が幼い頃から「まるで男の子の脳を持った女の子だね」と言いながら育てたという。共産主義者であり、常に闘う姿勢でいたボーヴォワールだが、「自分は感情に流されやすいのではないか」と、ときに思い悩む繊細な一面もあったという。彼女がサルトルの晩年を描いた『別れの儀式』は、そのストレートな描写に多くの読者がショックを受けた。魅力的な戦士であり、多くの人に深く愛された人物だった。本人は、そんなこと気にしていなかっただろうけれど。

覚えておきたい言葉：他人が喜んでいるかなんて、どうでもいい。誰かを喜ばせることができたという喜びに、勝手に満足していた。

シモーヌ・シニョレ　女優

「ひたすら耐える女」の代名詞のような人生を送っていたシモーヌ・シニョレ。好きな男のためなら、足も、声もすべてを失っても構わない――そんな人魚姫のような人生を自ら選んだ。恋の相手はフランス映画史のなかでも、最も偉大な俳優の一人、イヴ・モンタン。1950年代の最も輝いていた時代を象徴するかのような二人だった。思慮深く、真っ赤な唇が印象的だった女優のシニョレと、イタリア生まれのモテ男、モンタン。シニョレは、1959年に『年上の女』でアカデミー賞主演女優賞を獲得したが、彼女が米国に進出したことが、プライベートに大きな影を落とした。その年、モンタンは『恋をしましょう』でマリリン・モンローと共演。二人の不倫関係が公になり、シニョレもその事実を知ることとなった。だがシニョレは、モンタンを責めることもなければ、愛想を尽かすこともなく、一人静かに苦しみながら、彼が戻ってくるのを待ち続けた。モンローの死後、ようやくモンタンがシニョレのもとに戻ったところで、シニョレは次の一言を発する。「あなたを恨んでなどいない、とモンロー本人に言えなかったことだけが心残り」この言葉に、感銘を受けたフランス人は数知れず。苦しくとも、相手を思い続けたシニョレに、みな心奪われたのだ。シニョレとモンタンは、ペール・ラシェーズ墓地に二人仲良く並び、安らかに眠っている。

覚えておきたい言葉：恋愛における幸せとは、ただ盲目になるのではなく、目を閉じなければいけないときには、きちんと目を閉じる必要がある、ということなのです。

都会を離れて
思うこと

車を降りるなり、ちょっとした居心地の悪さに襲われた。普段耳にしているのは、アスファルトをコツコツと鳴らすヒールの音。あの音なしに、パリジェンヌの生活は存在しない。でも田舎にやってきたいま、どんなに抵抗しても靴は芝生と土の中にぐしゃっと吸い込まれ、ヒールの音なんて聞こえてきやしない。この瞬間、ここではもはや自分のリズムでは生きられないことを知った。

自然の「緑」は好きだけど、それはあくまで「絵」に描かれていてのこと。実家の壁にかかっている、キャンバスに描かれた絵のような。それ以上は望んでもいない。少しずつ自分がいた世界とのあいだに距離ができてくるような気がする。ネットにもそう簡単にアクセスできないし、携帯電話だって圏外になることもしばしば。日が出れば暑いし、風が吹いたら寒い。嫌でも季節を肌で感じ、汗まみれなのが他人にバレないか少し不安になる。田舎とは、自分の普段の生活には関わりないものの集まりでしかない。「ナチュラルな感じ」は好きだけれど、本当に自然のなかにいたいわけではない。頬っぺたが自然なピンクなのだって、ちゃんと化粧をしているから。ほんのりと花の香りがしてくるのだって、わざわざチューベローズ〔月下香〕の香水をつけているからだ。そう、パリジェンヌの“自然な感じ”は人工的に作られたもの。自分たちも、よくわかっているし、別に悪いことなんて思っちゃいない。

やや重い足取りで、農家にしか見えない建物のほうに向かう。もしかしたら、農家なんかじゃないかもしれない。ここにいると、何もかも自信がなくなってくる。普段の生活とは、明らかにかけ離れたものだから。

頭の上のほうで、蜂の群れがブンブンと飛び回る音がする。こんな音を聞いて、ビクッとしてしまうなんて、自分にもまだ弱いところもあるのだな。ハエが一匹、シャツの上をはっている。靴を脱ぎ、イラクサの上を歩く。母なる大地は、ここまで人の心に土足で踏み込んでくるものか……。もちろん大げさに言っているだけだが、自分の都会キャラを守るためにはそうするしかない。

ベンチに座り、目を閉じる。さわやかな風が、顔を優しく撫でる。心の中でブツブツ文句を言うのをやめると、ちょっと心地よいめまいがしてきた。たった一人ですごす時間を楽しんでみる。目の前にあるのは、世界的に有名な大聖堂顔負けの、樹齢100年以上はあろうかと思われる巨大な木。それを中心に広がる、雄大な景色を堪能する。こんな気持ち、絶対に他人には言わないでおこう。田舎を褒めるなんて、いままでの自分の生きかたを否定しているみたいだから。まるで都会に馴染めず、仕方なく田舎にやってきた、惨めなパリジェンヌだと思われてしまうから。

「最高の自分」を探して

ある一定の年齢を過ぎると、「あなたの経験が、あなたの顔になる」。そう言ったのは、ココ・シャネル。彼女は、自分の考えをはっきりと口にする性格だったので、「辛口のココ・シャネルが言ったこと」としてしまえばそれまでだが、パリジェンヌに当てはめると、これもあながち間違いではない気がしてくる。

道を歩いていても、カフェにいても、バスに座っていても、人の顔というのは、その人の「歴史」を物語っているように思えてならない。つまり、過去が読める水晶玉のようなもの。幸せな恋愛をしてきたか、それともつらい恋愛を乗り越えてきたのか。どんな親のもとに生まれてきて、どんな夢を持ち、どんな壁を乗り越えてきたか。偶然を味方にすることができたのか。

一人ひとりの表情や態度といったものが、私たちの「身分証明書」となる。すべてが表に現れてしまう。生まれ持った顔は、自分に合っているかもしれないし、合っていないかもしれない。

だが人生においては、間違いが正されることもある。高校時代は、欠点など見つからず高嶺の花とされ、いい思いをしてきた少女が、その後、まったくタイプの異なる女性にその座を奪われることだってある。ほかの人には絶対に真似できない強みを持った女性に。そういうタイプの女性は、熟成されたワインのように、年齢とともにどんどん魅力的になっていく。

そんな事実に気づいた瞬間、「流れに逆らって泳ぐのではなく、ときには流れにのることも大切」という普遍的な考えを学ぶことになる。年齢不詳というよりは、自分らしい歳のとりかたをしているほうがずっといい。いまの時代、整形手術にすがることもできるが、整形に走ると、若返っているつもりでも、なぜか老け込んで見えることがある。ボトックス注入をうまく使いこなしている人々もいるが、たいていの場合、他人には顔をいじっていることがバレてしまう。シワだらけの顔よりも、見ていてはるかに“恐ろしい顔”となる。

パリジェンヌは、自分を必要以上に作り込もうとはしない。「ありのまま以上になれる」なんて思ってもいない。若くなりたいと願う暇があったら、自分を「一番良いバージョン」に更新すればいい。外見だけでなく、もちろん中身も。年齢とは関係なく。

「いまの顔を、うまく利用して楽しむべき。でないと10年後、後悔するよ」
パリジェンヌの頭には、いつもそんな指令が出されている。

意識して、ゆっくり時間をかけてみよう

近所のおばあちゃんとゆっくり話す時間を持とう。本を読む時間を意識的に作ろう。晴れた日はメトロではなく、歩いて職場に向かおう。週末は、友達と少し遠出をするだけの余裕を持とう。

時間をかけて、内なる声に耳を傾けよう。自分を変えたくなったら、時間をかけて変えていこう。思いきって身体をゆっくり休めてみよう。oui《ウイ》と答えを出すまでに時間をかけよう。non《ノン》と答えを出すのにも、時間をかけよう。沈黙を貫いてみるのもいい。時間をかけて身体のケアをし、時間をかけて、ちゃんとしたものを食べよう。自分は何者で、何がしたいのか。自問する時間を設けよう。

おばあちゃんの誕生日には電話をかけ、おばあちゃんが教えてくれた通りに、髪を冷たい水ですすいでみる。子供たちの声をきちんと受け止め、大きく息を吸ってみよう。朝は、オレンジを搾るだけの時間的余裕を持とう。美術館に行くだけの余裕も必要だ。森を散策し、虫の声に耳を傾けてみよう。夏には子供と一緒に植物の標本を作り、のんびり絵本を読んでみよう。

ゆっくり時間を使えるだけの余裕を、意識して作ってみよう。誰もあなたの代わりにそれを与えてはくれないのだから。

そして、ゆっくり風呂につかり、子供の頃のように空想にふけってみよう。

アクセサリーについて

パリジェンヌは、じゃらじゃらとアクセサリーをつけるのは好まない。

ずっと身につけておきたいもの　細いチェーンや、シンプルな指輪、そして代々受け継がれているジュエリー。すっと肌に馴染むものが理想。

大きな宝石　金の大きなブレスレット、宝石のついたネックレス。こうした大きなジュエリーは、カジュアルな服装を少し格上げして見せてくれる。

コントラストの法則　ドレッシーな服装をしているならば、ジュエリーはできるだけさりげないほうがいい。

シャルル・ボードレールの『宝石』「愛しい人は裸だった。私の心を知るがゆえに、彼女は宝石しか身につけていなかった」この文章から学べることがある。それは、ベッドでもジュエリーをつけておくべきだ、ということ。一人で眠るときも、愛する人とセックスをするときも。きっと素敵な夢を見させてくれる。

明らかなる偽物　安物のおもちゃのようなアクセサリーをそんなに敵視しなくてもいい。安物のアクセサリーにしかできないことだってあるので、堂々と身につけるべき。メトロで盗まれてもショックを受けないように、夜遊びの際は、あえて安物をつける人も。だけど、「本物を真似た偽物」は絶対につけてはダメ。高級ジュエリーのイミテーションをつける意味なんて、どこにもない。

時計　時計は、ジュエリーとしてとらえられている。高価だから、というわけではなく、たんに美しいから。古き良きものであったり、形がユニークだったり。洋服にちょっとしたアクセントを加え、より美しく見せてくれる。

背景にあるストーリー　数をたくさん持っていればいいというわけではなく、それぞれがちゃんとストーリーを持っていなければいけない。旅の思い出が詰まったものなど。値段が高いから貴重というわけではなく、身につけることで心が豊かになるという意味で、“特別なアクセサリー”となる。

—I think I've gained WEIGHT

私、太った気がするんだけど。

—Really? Are you on a DIET?

あ、そう？　それで、ダイエット始めたの？

—NO I KEEP FAILING

いやいや、やっても失敗するから。

じゃあ、スポーツでも？

_Are you WORKING OUT?

_Nope. I don't have TIME

それもやっていない。どうせ時間がないし。

_SO what are you doing about IT?

じゃあ、太ったのがバレないように、どうするつもり？

_I'm going to buy myself a LONG COAT.

とりあえず、ロングコートでも買ってみるよ。

あえて好きになってみる

4.

DARE TO LOVE

理想の男とは？

筋肉がつきすぎていない男（ジムにいるより、常に本を片手に持っているような男のほうがいい）。

ヒゲを剃っていない男（ヒゲの後ろにどんな顔があるのか、想像するのも悪くない）。

清潔な男（でも、これ見よがしに、小ぎれいにしていないほうがいい）。

言動が面白い男（急にどこかにいなくならない程度に）。

スペシャルな“何か”を持っている男（“何か”といっても、別に高級車じゃなくていい）。

独特の雰囲気を持っている男（でも、わざとらしくない）。

ちょっとだけワルい男（でも、なぜかいつも許されちゃう）。

パーフェクトとは言えなくても、それでも生きることを楽しもうとする男がいい。

恋愛に対して
楽観的でいられる、
これだけの理由

恋愛とは、ハッピーエンドで終わらないもの。

物心ついたときから、と言うと大げさだけれど、そんなことはもう随分前から知っている。「恋愛は何度もするもの。だから、最初の恋がハッピーに続くわけがない」なんて言葉で慰められたこともあるだろう。一人の相手と激しい恋に落ちても、途中でほかから誘惑が迷い込んでくることだってある。それはもちろん、相手だって同じだ。

どれもこれも、真実だ。統計的に見ても、いまつき合っている相手と人生最後の日まで添い遂げる可能性は、その相手と別れる可能性に比べ著《いちじる》しく低い。相手からもう電話がかかってこないということは、どうせ大した男じゃないってこと。相手にはもっとふさわしい人がどこかにいる。さっさと別れてしまったほうが、あなたも相手も幸せになれるのだ。

とはいえ、人生というのは「例外」のつながりではないだろうか？　恋愛に限らず、人生において確信を持てるものなんて、何一つないし、理想の男なんてそもそも存在しない。巷の男たちがパッとしないのは、目の前に少しでも良い相手が現れたときに、「この人だ！」とピンとくるように。恋愛とは、“即興”で決まるもの。愛とは、人生のなかで自ら選択できない唯一のものだ。これこそが、恋愛のすばらしさであり、いつになっても解けない魔法だ。

たくさんの恋愛をしてきた、ということはそれだけ失恋もしてきたわけで、そのたびに一回りも二回りも強くなる。自分がどんな人間なのか冷静に分析できるようになり、より自立した女性になれるはずだ。それが恋愛の「メリット」でもある。自分一人で幸せに生きることもできるけれど、この人といると、より幸せになれる――恋愛をそんなふうにとらえられるようになる。

パリにいてもどこにいても、先入観を捨てて、恋愛をしてみるのも悪くない。

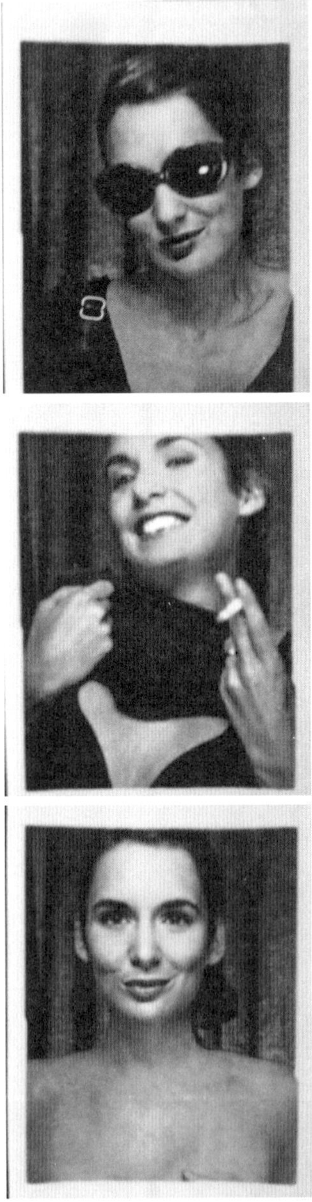

“真の武器”とは？

精神科医、
ミルトン・エリクソンの
教えから読み解く

ミルトン・エリクソンはパリ生まれではないけれど、ここではちょっと彼のエピソードを紹介してみたい。エリクソンは米国の精神科医(1901-1980年)。専門は行動学、催眠療法、家族療法だ。

エリクソンには、こんなエピソードが残っている。彼は子供の頃、農家の人々が小屋から仔牛を出そうと苦心しているのを見ていた。なんとか出そうとしても、仔牛は一向に出てくる気配がない。しょうがないので、彼らは牛のしっぽをつかみ、外に引っ張り出そうとした。だが、仔牛は反対方向に力強く引っ張り返すだけだった。

そんなとき、突然、彼らの一人がひらめいた。

抵抗する仔牛を出そうと無理矢理しっぽを引っ張るのではなく、仔牛が力を入れるのと同じ方向に引っ張ってみてはどうか、と。すると、仔牛は突然考えを変えたように、外に向かって走り出そうとした。結果、自ら小屋の外へ出たのだ。

これはどんなシチュエーションにも当てはまる人間の心理だ、とエリクソンは考えた。私たちは間違ったことをしていると気づかぬままやり続け、あげくの果てに勝手に疲れる。だが目的を達成するには、あえて逆のことをしたほうがいいこともある、と。

パリジェンヌは恋人とケンカをすると、すぐに以下のような"武器"を取り出す。効果のほどはいかに。

涙

女性のなかには、涙は男性の心を揺さぶるものである、と思い込んでいる人がいる。幼い頃、親の前で涙を見せ、それがゆすりとしてとても効果的だったので、男性にも通用すると思っているのだろう。

でも、いまだに涙が脆さを表すのに効果的なもの、と思っているのなら、ちょっと考えを改めたほうがいい。涙は感情を揺さぶるもの、なんて固定観念はさっさと捨てるべき。「泣く」という行為は、武器などではない。鼻水が出てうっとうしいだけで、無駄にエネルギーを使う行為でしかない。

ただ、あなたが絶対に泣かない女であるならば、話は別。

普段は涙一つ見せないけれど、たった一度だけ涙を流してしまった――そんなときは、男はあなたの前でひれ伏すに違いない。

でも、それが通用するのは一回限り。二度目はない。判断を誤らず、その瞬間を見極め、ここぞというときにだけ使おう。

嫉妬

嫉妬とは、誰をもうんざりさせるもの。する側もされる側も、どちらにとってもいいことなんてない。得する者などいない、闘う意味のないゲームだ。

そんなバカバカしい時間の使いかたをしてもしょうがないので、パリジェンヌは嫉妬心はどこかにしまい込み、よからぬ幻想はさっさと消してしまおうとする。そして、こんなふうに叫んでみる。「彼女ったら、美人なうえに、なんて知的なの！　そのうえ気さくだわ」嫉妬の対象を一時的に認めてみる。すると、意外にも心の大火事を防ぐことができるのだ。

そんな精神的余裕などなく、いまにも手が出そうなシチュエーションだったら、恋人と一緒に住んでいる家に、その“敵”を招いて一緒に食事をしてみても。危険な人物をあえて引き寄せると、意外とうまくいく。そして、良き友人関係が築ける……かもしれない。

悪口

上から目線で、自分に都合のいいように扱う――悪口は、そんな馬鹿げた行為だ。たとえば、巷にいるダメな奴と、相手を比べるなんて、まったくもって意味のないことだ。相手を傷つける言葉、聞いているだけで不快な言葉を直接本人に告げたところで、状況は何も変わらない。むしろ、相手を遠ざけるだけだ。相手は、「自分のことを悪く思う奴となぜ一緒にいなければいけないんだ」と感じるだけ。なので代わりに、褒めて褒めて褒めまくろう。彼の自尊心はくすぐられて、「君が思っているような人間になれるよう、もっと努力しよう」と思うはずだ。

義理の両親の悪口

義理の両親の悪口だけは、何があろうと言ってはいけない。「あなたの義理のお母さんはパーフェクトな人だね」とでも言っておく。それで彼が怒り狂うことはないから。

ふくれ面

フランスでは、ベッドで拗《す》ねて、相手にお尻を向けることをL'auberge du cul tourné〔お尻を向け合う宿〕と表現する。つまり、セックスを拒否するような状態を指す。

機嫌を損ね、ふくれ面をしていると忘れてしまいがちだが、じつはこれは「自己処罰」をしているようなもの。そんなことをしている暇があったら、そうした感情をエネルギーに変え、何かを生み出したほうがいい。ふくれ面をする代わりに、どんなときもパーフェクトな女性を演じてみよう。そのほうが、相手は動揺するはず。明るく陽気で、キラキラと輝き、官能的であることも忘れない――すると、彼はあまりに失うものが大きいことに気づき、思いのほか早い段階で謝ってくれるだろう。

シーツの下に潜り込み、相手に触れてみよう。互いの傷ついた心なんて、すぐに癒えるはずだ。

感情的な脅しについて

恋愛における脅しは、はっきり言ってなんの意味も持たない。「自殺してやる」と言ってみたって、誰も本気にしない。口だけの女、と思われるだけだ。

「あなたの前で死んでやる！」なんて口走りそうになったら、少しのあいだだけ、相手の前から姿を消してみるといい。静かにハンドバッグを取り、鍵を手に、そっとドアを開けてみよう。家から一歩出て、知らない場所に足を運んでみよう。それが一番の処方箋となる。１週間、いや１時間だけでもいい。恋人とのあいだに、少しだけ時間と距離をおいてみよう。携帯電話の電源も思いきって、切ってみる。ゆっくり息を吸い込んでみると、人生がどんなに素敵なものか、わかってくるはずだ。

パリジェンヌは、恋に恋してる？

あなたの目の前に木の破片があるとする。それを凍った湖に投げ入れて、そのままおいてみよう。何日かたつと、木片は薄い氷に覆われ、まるで宝石のようにキラキラと輝きはじめる。これが、「結晶化」の過程だ。19世紀の作家スタンダールは『恋愛論』のなかで、恋愛においても同じようなことが起こっている、と書いた。出会った頃というのは、恋愛対象は完璧なヴェールに覆われ、まるでパーフェクトな相手であるかのように思える。スタンダールによると、相手を「結晶化」してしまうのは、ごく瞬間的なもので、強迫観念に近いものだそうだ。相手を理想化してしまうこの段階は、あくまで初期のもので、一般的にはそう長くは続かない。だが、パリジェンヌの場合はちょっと違う。パリジェンヌは、常に恋に恋している。これは、ほとんど病的なもの。いくつになっても、恋愛を中心に人生が回る。

「結晶化」とは、いわばパリジェンヌの心の病のようなもので、そのためなら、彼女たちはなんだってする。

＊絶対に相手に送ることのない手紙を書き続ける。
＊好きな相手に見せることのないランジェリーに大枚をはたく。
＊１週間に３人もの男性を同じくらい激しく好きになる。
＊かかってこない電話を待つべく、仕事の約束をすっぽかす。
＊名前も知らない相手との暮らしを事細かに妄想する。

これが、パリジェンヌの恋愛のスタイルだ。こんなことをしながら、日々頬を赤らめ、口角を上げる。つまり、恋に恋してしまう。恋愛対象が変わり、今日はこの相手、明日は別の相手と恋愛対象が変わっても、同じだけの情熱を注ぐことができる。パリジェンヌは、驚くほど恋に忠実。けれど、ある一人の相手に対して、というわけではないのだ。

母親が教えてくれたこと

フランスの母親たちは、子供が歩けるようになるやいなや、自分が母親から何度も言い聞かされた“教え”を子供たちに伝えるようになる。そうした言葉は、人生につまずいたときの指標になり、次第に手引書のような存在になり、最終的には自分の「信念」となり、身体に染み込むようになる。常に納得がいくものではないし、現実ではその通りいくわけではないからイライラすることも多い。でも、成長するにつれ、ある確信が生まれる。そう、母親たちは間違ったことを言ってはいなかったんだ、と。

子供がいようといまいと、次の世代に伝えたい言葉：

＊いつでも、準備万端の状態でありなさい。彼はもう、道の角まで来ているかもしれない。

＊愛があるだけではダメ。努力だって必要。

＊年齢を理由にして、早く寝ようとしてはいけない。

＊経済的に自立していなさい。そうすれば、純粋に愛だけで繋がっていられる。

＊もう愛し合えないかもしれない、と思っているときは、まだ愛し合えている。これからも愛し合っていたいな、と思っていたら、もうそこに愛はない。

＊もし彼が良い馬ならば、ひとっ飛びで自分のところへ戻ってくる。

＊人生一度しかないからといって、台無しにするのを恐れてはいけない。

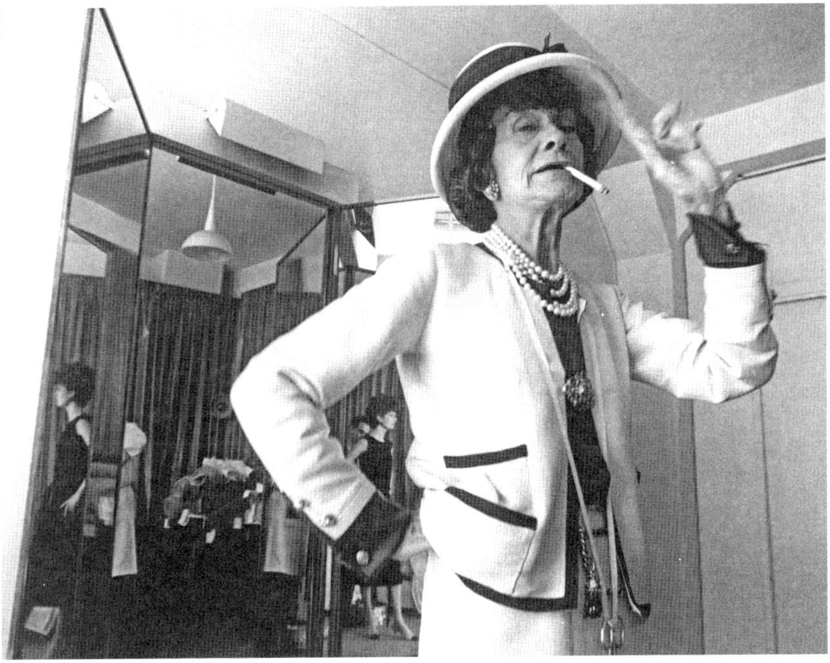

「美しい眼差しというのは、優しさのある眼差しのことである」

――ココ・シャネル

あなたにちょっとだけ
プラスされたもの

「妊娠した」って、なんて素敵な響き！　「妊娠した」という言葉はあなたを形容するもの。あなたを描写しているものであって、「定義」する言葉ではない。

妊娠したら誰もが巨乳になれる、というラッキーなシチュエーションをフル活用して、谷間がくっきり見える服を着てみては？　なぜなら、あなたはいつだってセクシーな女だから。

地下鉄で、意味もなくニヤニヤしたかと思えば、突然泣き出し、また何事もなかったかのように笑い出す。そう、あなたはとても感受性の強い女。

妊娠したらH&Mに駆け込み、ラージサイズの服は買うけれど、絶対にマタニティ専門店には足を踏み入れない。なぜなら、あなたはモードな女なのだから。

お腹が出ているというだけで、別に特別な存在だとアピールしない。そう思えるあなたは、聡明な女。

「子供がいない友達は、理解してくれないだろうから、もう連絡をとらない」そんなことを絶対に言わないあなたは、とても忠実な女。

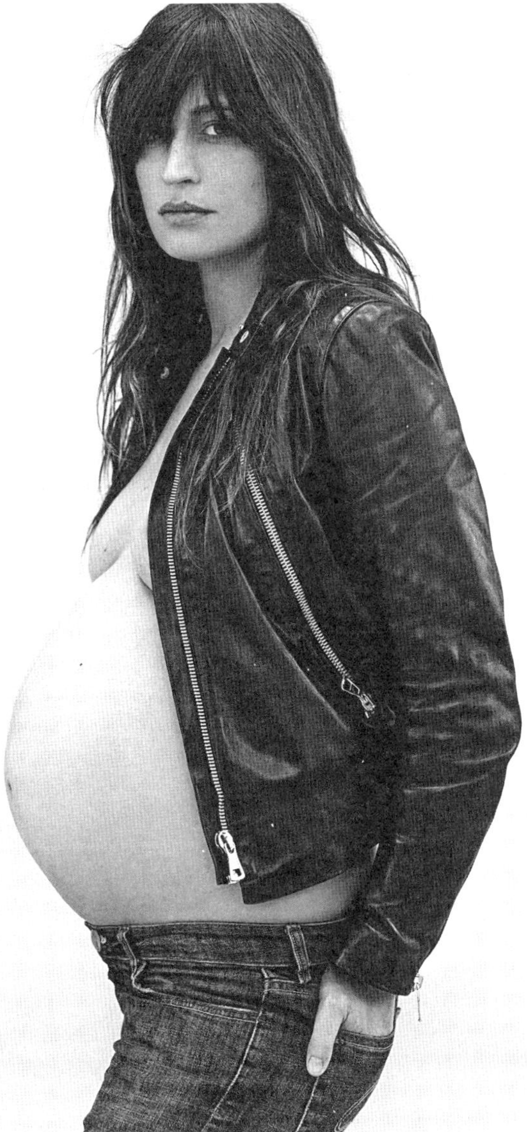

妊娠線がどうのこうの、なんて話を同僚には絶対にしない。なぜなら、羞恥心のある女だから。

出産時の呼吸はどうする、なんて話ではなく、最近観た映画について話したい。なぜなら、世間の流行がわかっている女だから。

自分にもちゃんと子供を産めるかどうか、取り乱したりしないだろうか、ときどき怖くなる。なぜなら、しっかり現実を把握しているから。

幸せすぎて、身体が破裂してしまいそうなことがある。なぜなら、いつも愛に溢れた生活を送っているから。

義理の弟に向かって、「会陰切開が怖くて」なんて言ったりしない。なぜなら、あなたは育ちの良い女だから。

妊娠していれば、どんなわがままだって許されるなんて、これっぽっちも思っていない。なぜなら、あなたは大人の女だから。

エコーの写真をみんなに見せたりしない。なぜなら、秘密主義な女だから。

ベビーシャワー〔臨月の女性を祝うアメリカの習慣〕を開催して祝ってもらおうなんて思っていない。妊娠したのは、9カ月前にセックスした結果でしかないから。

産婦人科の入り口まで、ハイヒールを履いていく。なぜなら、しぶとい女だから。

ウォッカベースのブラッディ・メアリーの代わりにノンアルコールのバージン・メアリーを飲む。でも自分が聖女だとは思っていない。

この前のマタニティ教室に行かなかったことに罪悪感はない。なぜなら、自由な女だから。

妊娠といっても、そんな大騒ぎするようなものではなく、人生の通過点にすぎない。あなたを定義するものではないのだから。あなたは「妊娠している女」だけど、何よりもまず一人の女であることを忘れてはいけない。女であるあなたに、大きなお腹という要素が加わっただけなのだから。

23時からのパーティー

ただいま、夜の10時59分。

パソコンの電源は切ったというのに、目はしょぼしょぼで真っ赤になっているのが自分でもわかる。同僚たちは、もう随分前に帰ってしまった。誰か一人でいいから、今日の自分の頑張りを認め、手を叩いて褒めてくれる人がいたらいいのに、なんて思いたくもなる。でも、ほかに残っている人なんていやしない。ここにずっといてもしょうがないので、職場のドアをバタンと閉め、スクーターに飛び乗った。誰でもいいから、「人」に会いたい。とりあえずたいして当てにならない女友達の元に向かう。内容どうこうではなくて、何でもいいからパーティーに参加できれば満たされる気がする。こんな絶望的な時間にやっているだけありがたいし、とにかく人ごみが恋しいから。ちょっとドキドキするような展開をどこかで期待しているのが自分でもわかる。

それから40分後。私はプラスチック製のコップに入ったシャンパンを片手に、なんとなく本棚の前に立ち、そこに並んでいる本に興味があるフリをするのに必死だった。パーティーの輪には入れず、完全に浮いていた。

—気分はどう？　なんだかつまらないパーティーだよね？

場に馴染めていない私を見るのが楽しいのか、この茶色い髪の男は何度も同じようなことを言ってくる。なんとかかわしつつも、奴の思い通りに振る舞うのも癪なので、とりあえず相手をしてみる。

―ほかにしゃべる相手、いないわけ？

―いないわけないだろ。でも、君より見ていて面白い人は、いないんだよね。知っている人がほとんどいないパーティーにやってきて、夜中に本棚の前に立ちつくしている美女を見ているのほど、面白いことはないからね。

―気に入った相手に対しては、言葉を選ぶべきでしょ。

―おい、待てよ。君を気に入ったなんて、一言も言ってないだろ。

こいつ、思ったほどバカじゃないな。確かに、間違ったことは言っていない。でも、負けを認めるぐらいだったら、面と向かって闘うほうが、まだましだ。さっきまで一緒にいた女友達はどこかで見失ってしまい、この状況で私に味方してくれる人なんて、いないけれど。でもしょうがない。真夜中のパリで遊んでいるのだから、誰だって一人。自分でどうにかするしかない。

この男がこれ以上声をかけてこないようにするには、自分が黙るしかない。隣にいる、すでにかなり酔っ払っている女子二人組の話に耳を傾ける。

―意味がよくわからないのだけど……。

―本当なんだって。「君のこと、めちゃめちゃにしたい」って言われたのよ。

―ほんと、頭がおかしくなったんじゃないかしら。

―そうかも。でも不思議なことに、そう言われて、ちょっと興奮したのよ。

夜遊び好き女子たちの、そのフワフワした会話の意味を真面目に考えている精神的余裕なんて、いまの私にはない。そんな気持ちに気づいたのか、奴はまたしつこく絡んできた。

―いつもそんなに面倒くさい女なわけ？　それとも、僕に対してだけ？

一発殴って、今度こそ完全に追い払おうと思ったそのとき、昔いろいろあった憎き元カレが近づいてきた。なんだ、ちゃんと来た意味があるパーティーだったじゃない。どうでもいい男の、どうでもいい話の相手をしていると思われたくはないので、知的な会話でもしていたかのように、奴のほうに身体を向けた。さあ、反撃開始。

―ねぇ、待って。私に話しかけに来たの？　罵りに来たの？

少しためらいながらも、じっとこちらを見て、こう返してきた。

―いままでの態度は全部、気に入った女の子に関心を持ってもらうためだったんだよ。

―ほら、言った通りでしょ。やっぱり私のこと気に入っていたんだ。

彼は、気を落ち着かせようとしているように見えた。今度は、私が優勢だ。でも、例の元カレが遠くから、なんとなくこっちに向かって手を振ってくる。元カレの新恋人は、私のことを完全に無視しながらズンズンと歩を進めている。なので、この男を利用してやろうと思った。この男と会話していれば、私は暇を持て余しているようには見えないはずだから。

そんなとき、もう一人面倒くさい奴がやってきて、新たな攻撃を仕掛けてきた。私は、そいつが声をかけてこようとした瞬間、思わずこう言い放ってしまった。

―いまはあなたに構っている暇ないの！

私にそう切り捨てられた彼は、しょげた顔をしてどっかに行ってしまった。

さっきからずっと私の横にいる男はというと、腹を抱えて笑っている。

―女の人って、ほんと面白いよね。男女平等でないと怒って、フェミニズムをちらつかせてくるくせに、恋の駆け引きでは、男が言い寄ってくるのを待ってる。いっつも、そうでしょ。

怒りがこみ上げてきて、今度こそこいつを追い払ってやろうと思った。戦闘態勢のスイッチが入った。これを最終ラウンドにしてやる。

―そもそも初対面なんだから、この辺でやめにしない？　あなたが恋愛で失敗してきたのを、私のせいにされても困るんだけど。

彼は、私の顔をじっと見つめてきた。目は、いたずらっぽく光ってる。

―いやいや、違う。ちょっと僕の話をちゃんと聞いてよ。男なら何をしなければいけないかを説明してあげるから。いい、男というのはね――

1．フラれても、相手を恨むことなく、あまり気にしない。

2．何事もなかったように、すぐに立ち直る。

3．相手が、自分の後ろにいる男のことが気になって仕方がないようなときでも、興味を持ってもらえそうな話題を必死で探す。その男は、彼女と寝たことがあるのだろう。でも、よりを戻そうなんて、思っていないから。

4．とにかく相手と話し続ける。なぜ、ほかの男は彼女に惹かれないのだろう、などとは考えずに。

5．別の男が大胆にも、彼女に近づいてきたとする。彼女がその男に対し、有無を言わさぬ口調で罵ったとしても、自分はジェントルマンでいること。

そこまで聞くと、なかなか面白いことを言う男だな、と思うようになっていた。そして、じっくりと彼の顔を見つめてみたくなった（ついに、この男のことを気に入ってしまった）。彼はまだまだ、しゃべるのをやめない。

—男が粘って粘って、それまで散々憎たらしい態度をとってきた女が、ついに男と寝たい、と思うようになったとする。そしたら、男はそこで勝負に出なければいけない。それはそれで、プレッシャーだ。だって、そんな彼女のお相手をつとめなければいけないのだから。「ほら、いまだよ。いまを逃したら、もう終わりだよ」という心の声が男を追い立てる。一方で、こんな声も聞こえてくる。「いや、いまじゃない！　違う、いまじゃないんだ！」一瞬ひるんで、ちょっとだけ踏みとどまる。でも、力を振り絞って、自分が思うように行動しようとする。プライドなんてない。相手の女性が、ふくれ面をしないでくれたらな、と祈る。ただそれだけだ。

しだいに、「拍手して称える価値がある男だな」なんて気がしてきた。まさに、夜中に一人、職場に残っていた自分と同じだ。我々はみな、誰からも理解されないヒーローなんだな、と思う。いちいち表彰されないけれど。

茶色い髪の男が見つめてきた。自分も、見つめ返してみた。勇気を出さねば、とタバコに火をつけた。タバコをゆっくりとふかしながら、自分でも気持ちが緩んできたのがわかった。

—タバコはやめたんじゃなかったの!?

振り返ると、先ほどから探していた女友達がいた。例の男は、自分は邪魔だと感じたらしく、ゆっくりとその場から離れようとした。私は迷った末、女友達を置き去りにし、男を追いかけた。

お察しの通り、その夜はこの茶色い髪の男とベッドをともにしたのでした。

アフターセックス　ランチ

恋人の隣で横になっていたら、少しずつ呼吸が落ち着いてきた。セックスは人間の体力を奪うんだな。いま初めて知ったことではないけれど。セックスし終わって、寝ている彼を見つめながら、ありのままの姿を受け入れよう、と決める。悲しいかな、愛し合った後の動物は、みんなこんな感じなのね。私はというと、ベッドからさっと抜け出し、キッチンにやってきた。冷蔵庫を開けると、チーズに卵、そして生ハムが手元に落ちてきた。これらで、とりあえず何か作ろうか。オムレツを作るべく、卵を割り、かき混ぜ、そこに塩とコショウ、そしてほんの少しの牛乳を加える。フライパンを火にかけ、弱火にし、バターを溶かす。それから強火にし、先ほどかき混ぜた卵を流し込む。パンをトースターに入れ、赤ワインのコルクを抜く。急がないと、彼がまた眠ってしまう。コンテチーズと生ハムの隣に、焼いたパンを、そしてまだ湯気があがっている皿を置く。それから、グラスにワインを注ぐ。10分後、彼が寝ている部屋に戻った。

ベッドの上に、食事を載せたトレイを置く。

彼は、目を半分開けて、こちらを見た。

こんな瞬間、人生って素敵だな、と思う。

「裸」について

フランスの雑誌に、胸を露《あら》わにした女性たちの写真が掲載されているなんて、いまやなんら珍しくない。だが、パリジェンヌは裸に対しては、やはり羞恥心というものがある。150年も前に、画家のギュスターヴ・クールベは『世界の起源』で女性の生殖器をクローズアップで描いてはいたけれど、それでもパリジェンヌは素っ裸で歩き回るなんてことはやはりしないのだ。

ヌードというものは、「裸になる」という行為をもって表現されなくてはいけない。恋愛の駆け引きと同じ。意味もなく裸になってはいけないし、裸でいることが当たり前になってもいけない。「裸であること」が何か意味を持たなければいけないのだ。

裸で歩き回るときは、「見られている」という意識がなければいけないし、相手にも意図的にやっている、とわからせなければいけない。つまり、裸になることによって、相手を興奮させなければいけないのだ。相手が長年連れ添ったパートナーであっても、気を抜いてはいけない。どうせ見慣れただろうなどと思って気を抜くのではなく、背筋をピンと伸ばし、ちゃんと前を向かなければいけない。すると、自分の身体の特徴もよりわかるようになる。

裸になっているときというのは、服を着ているときとはまったく違う。横に広がっているお尻がどうしても好きになれなかったら、少し横向きに歩いたり、背中は壁に向けたりして、胸に相手の注意を向けさせよう。足が短いのが嫌だったり、ももが太すぎるのが嫌だったら、つま先立ちで歩いてみよう。もし自分の胸の形が嫌だったら……胸がキレイに見えるように工夫しよう。腕を組んでもいいし、ベッドでは仰向けになろう。

パーフェクトな身体ではなくても、その身体でベストを尽くすしかないのだ。

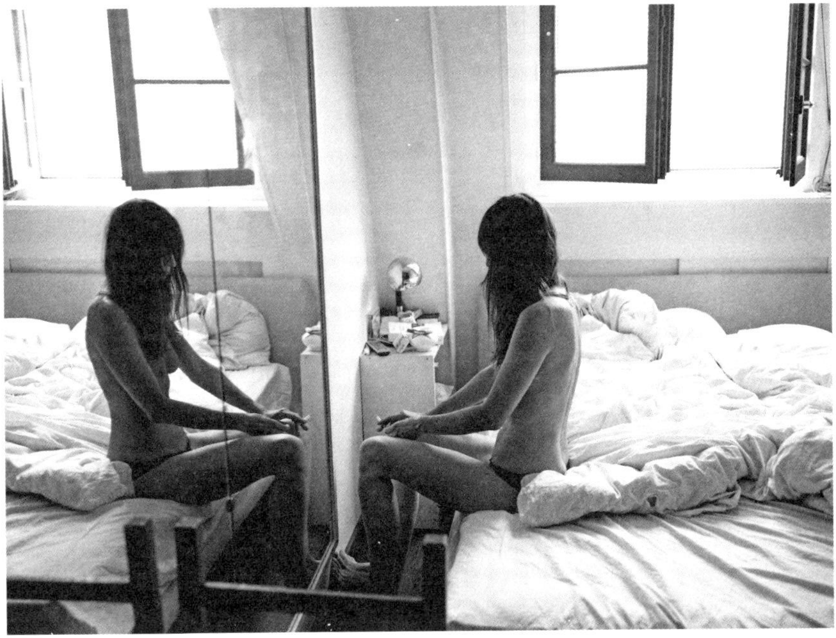

パリジェンヌは集団でいるのがお好き

傍からみると、パリジェンヌの集団は上っ面だけで接していて、内側では火花を散らしているように見えるかもしれない。経験的に見ても、たとえば二人のパリジェンヌが一つの部屋にいたとしたら、ちょっと濃すぎて、一人を部屋から追い出したほうが良いような気にもなってくる。二人の女性が出会うと、まずは互いに品定めするのがお決まりだ。まるで、ウェスタン映画の決闘シーンを見ているよう。だが、こうした敵意丸出しの状態は、そう長くは続かない。

何かの戦略なのか、本当に親近感が沸いてくるのか、もしくはフェミニズム思想が残っているからなのか、パリジェンヌはやたら集団で行動したがる。異なる個性を持った、小さくとも強いグループを作りたがる。お互いに補完することで、より魅力的な集団になれる、と思っているのだ。

パリジェンヌは、常に自信を持って行動しているように見えるが、生きていくうえでは、同性の友人も必要だということは、ちゃんとわかっている。たとえば長い間会わずにいたけれど、久しぶりに再会したら、もっと深い関係を築けるようになった幼なじみ。高校のとき常に一緒にいた、自分の「初体験」を何でも知っている女友達（ファーストキスも、ずる休みも、セックスの後に大慌てでピルを飲んだ日のことも）。それから、どんなことがあっても信用できる、一生の友達。男に捨てられ、精神的にボロボロのときに、トランク片手に「泊めて」と泣きつける女友達。そんなうまくいくはずもないのに、「同じタイミングで子供が生まれるといいね」なんて言い合った女友達。

女友達と群れていないパリジェンヌなんて、“不完全な”人間でしかない。

絶対に
手に入らない
男とは

かなり前から知っている。

カッコいいと思う。話も面白い。ちょっとワルくて、女たらし。

一目見たときから、気に入っている。

じつは彼のほうが、あなたを気に入っている。あなたは、彼のことを理解している唯一の女性。「唯一の女性」と言われるのに、ふさわしい女性であり、彼のお眼鏡にかなった女性。母親の次に、あなたのことを好きだと思っている。

これだけ聞くと、うまくいかないはずはないのに。彼はあなたのことが大好きだけど、あなたに恋をしているわけじゃない。

あなたはとても魅力的なはずなのに、彼はあなたとセックスしたがらない。もちろん、結婚する気なんてあるわけもない。あなたとの子供を作ろうなんて考えたこともない。キスさえもしようとしないのだから！

あなたの母親は、娘が彼と結婚してくれればいい、と思っている（「あなたが決めるのを彼は待っているのよ」とまで言ってる）。あなたの女友達は、彼の理性がなくなるまでお酒を飲ませてみれば？　なんて言ってくる（「彼は照れているだけなのよ！」と）。ご近所さんたちは、彼の前で全裸で電話でもしてみれば、と言ってくる（「ゲイかどうか手っ取り早くわかるテスト」ですって）。

でも、彼は照れているわけでも、変な魔法をかけられているわけでも、ゲイでもない。違う。本当は自分でもわかっていると思うけれど、彼がいままで何もしてこなかった、ということは、これから先、手出しをしてくる可能性は限りなくゼロに近い。その理由を、論理的に説明なんてできない。ただ、そういうものだ、と自分を納得させるしかない。彼のことを考えても、時間のムダ。さあ、服を着替えて、次のターゲットでも探しに行きましょ。

結婚にまつわるエトセトラ

パリジェンヌはあまり「結婚」という形にはこだわらない。これは統計上でも同じこと。長い期間つき合っていたとしても、すでに子供がいたとしても、結婚する理由にはならない。パリでは、いつ消えてもおかしくない習慣なのだ。

なぜならパリジェンヌはいつだって「自由を感じていたい」し、「愛を証明するために、契約書にサインする必要なんてない」と思っているから。そして、将来的に別れることになった際、「永遠の愛を誓ったのに」なんて嘘つき呼ばわりもされたくないから。近い将来、何が起こるか、誰にもわからないから。

……なんて言っておきながらも、実際のところは結婚に憧れているのも事実。常に頭の中にちらついているし、こっそり計画もしているし、ときに妄想したりもする。

そんなわけで、ここでは「人生で最も素敵な日」の理想的な迎えかたを紹介したい。ちょっと眉をしかめるような習慣もあるかもしれない。なんて言ったって、牡蠣とエスカルゴを頬張る国民ですから！

プロポーズの方法

女性のほうから結婚の申し込みをすることも珍しくない。プロポーズの瞬間は、とびきりオリジナリティー溢れるものであってほしいと願う（その点は、ほかの国の人々の感覚と変わらない）。
でも、マカロンに指輪を忍ばせて未来の夫が喉を詰まらせても困るので、もう少しダイレクトな演出を好む。たとえば、こんな感じ。

・あなたのミドルネームって何だっけ？

・マルセルとジャンの二人も、今日から私のおじいちゃんだわ。なぜだかわかる？

・いま市役所にいるの。結婚式の日をいま決めてしまおうと思うんだけど、別に問題ないよね!?

ウェディングプランナー

自分でドレスは着られるし、誰かに教えられなくても子供を作れるし、親に憎まれ口を叩けるし、病気になっても自分で対処できる。上司にも、日々の不正にも、自分一人で立ち向かうことができる。何でも自分でできるので、わざわざウェディングプランナー（ヒステリックな人が多い）にお金を払って、大騒ぎしながら一緒に結婚式の内容を考える、なんて考えられない。だから、何でも自分で決めてしまう。

—ねぇ、あなた。12月27日って結婚するのに本当にいい日だと思う？

—そうだね！　そうすれば、クリスマス休暇はもう君の家族とパーティーをしなくてすむよね。

—そうか、そう考えると悪くないかもね。

フランス式「独身さよならパーティー」

もう若い女子ではないので、結婚前夜の「独身さよならパーティー」（フランスでは「若い女の子を葬る会」という）を企画する人は少ない。天気のいい週末に、わざわざビーチでそんな儀式をやってほしいなどと思わないし、笑顔で記念写真を撮る気もなければ、リムジンバスをチャーターして大騒ぎしたいとも思わない。それよりも、本当に親しい友人たちを招いて、ささやかなパーティーを開くほうが断然いい。親友は元カレ、なんてパターンも少なくないので、当然、男性も女性も両方やってくる。場所も、昔ながらのちょっと素敵なブラッスリーというのが理想。みなでシャンパンを飲みながら、AAAAAのアンドゥイエットを食べる。それで充分！

—未来の花嫁に乾杯！

—乾杯、乾杯！

—それにしても、なぜ結婚することにしたの？

—だってそのほうが、いつか「離婚したい」と思ったとき、ややこしいことにならないでしょ。

ウェディングドレス

メレンゲみたいなフワフワした白いドレスを着たい、と考えるパリジェンヌは少ない。彼女たちは、ネイビーブルーや黒のタキシードを着て結婚式に臨んでもいいとさえ思っている。ヴィンテージ感のある、クチュールのドレスがとくにお好みだ。真冬なら、真っ白な毛皮のコートを羽織ることも。自分がどんなドレスを着たいかがはっきりしているため、ドレス選びに友達をつき合わせたとしても、必要以上に時間をかけることはない。たとえば、こんな感じだ。

—そのドレス、すごく似合うじゃない。何か特別な日用？

—結婚式にでも着ようかと思って。

結婚指輪

一般的には、シンプルであればあるほど良いとされる。ゴテゴテした飾りも、ダイヤモンドもいらない。家族代々伝わってきた指輪で、特別なエピソードがあるものが理想だ。安物の銅の指輪であったとしても、恋人との旅の途中で買ったものなど、思い入れがあるものなら婚約指輪になりうる。大きな石に法外な値段を払ったうえ、スマートに見えない、なんてちょっと考えられない。

—毎日、結婚指輪をつけるつもりはないの？

—そんなに指輪って必要？　ついでに、なぜ夫の名字を名乗らないの？とか言ってくるつもりでしょう。

—そんなに嫌なら、そもそもなんで結婚なんてするのよ。

—誰かから電話がかかってきたとき、「少々お待ちください、夫に代わります」って言ってみたいのよ。

結婚式をする場所

もちろん、パリで。まず、自分たちが住んでいる区の市役所に行き、その後、教会などで式をあげるカップルも（敬虔なカトリックの場合）。いわゆる披露宴は、ゲストが集まりやすい、素敵なエリアのよく知っているビストロなどでおこなう。ロレーヌ地方の城やブルゴーニュ地方の城館をわざわざ貸しきる必要はなし。夜は自宅で盛大にパーティーをおこなう。白い花を飾るなどして、友達の友達までを呼んで騒ごう。歌や劇、映像などをあらかじめ用意しておくのは、基本的に禁止。スピーチを含め、この日はすべてが即興でなければいけない。

ゲストについて

招待するのは、本当に会いたい人々だけ。つまり、20人以内ということになる。大人数を招待できるほどの経済的余裕はないし、両親や義理の両親にパーティーの費用を負担してくれ、なんて言うつもりもない。親たちに費用を負担してもらったら、彼らを招待せざるをえなくなるので、最初から巻き込まないほうが都合が良かったりもする。そもそも、親には結婚することさえ知らせていない、なんてパターンも。

—え、あなた結婚したの？　まったく知らなかったわ。

—じゃあ、お母さんがお父さんと結婚するときは、パーティーに両親を呼んだ？

—すでに亡くなっていたのよ！

—ほら、なぜお母さんたちを招待しなかったのか、わかった？　お母さんはいつも「自分はこんなに大変だった」って話になるからだよ。

新婚旅行

国外旅行に出るなど、オーソドックスな新婚旅行の代わりに、パリの高級ホテルで一泊する、というのが最近の流行。たとえば、パリで最も美しい公園の一つであるヴォージュ広場を望める「パヴィヨン・ド・ラ・レーヌ」。ウェディングドレス代わりに、自分への贈り物として買った絹の下着をつけて。一泊した翌日、まるでシンデレラのように裸足で家へ帰る。自分だけの王子さまと手を取り合って——。

ときには、
離ればなれで寝てみる

夫婦が別々の部屋で寝るというのは、遙か昔の習慣で、今日ではそんな習慣に従っている人々はほとんどいない。だが、何十年も前までは祖母たちはこの方法で寝ていた。仕切りで隔てられ、身体は直接触れ合うことなく、少しだけ距離をおいて寝る。そこには、「恥じらい」があった。こうした習慣は、幼いパリジェンヌの目には、古臭くて、ちょっと奇妙なものと映っていた。だが成長し、いくつもの恋愛を経験すると、「カップルは、ある程度“距離”があったほうが、お互いを愛おしく思うことができる」と身をもって知ることになる。とはいえ、地価が上がり続けるパリでは、それぞれが寝室を持つなんて、よほど財布に余裕がない限り無理だ。では、どうするのか。あえて距離をおくべく、別々に寝ざるをえないシチュエーションを意識的に作るのだ。昔のように、はっきりと「男」と「女」を分けるようなものではないけれど、「相手がいないと寂しい」と思えるくらいの距離を定期的に作る。たとえば、週末を田舎の友人の家ですごしていたら、おしゃべりに花が咲き、急遽、彼女の家に泊まることになった。出張の話があったので、積極的に行くことにした——。こうして、パートナーと一晩距離をおかざるをえないシチュエーションを作り、ルーティンから抜け出す。相手が電話をしてきて、「君がいないと、寂しくてたまらないよ」と言ってもらうために。

「運をつかみ、幸運をしっかり握りしめ、リスクに立ち向かえ。
そうすれば、あなたはあなたのままで受け入れてもらえる」

——ルネ・シャール

パリジェンヌが陥りがちなシチュエーション　その4

– DO YOU LOVE me?
私のこと好き？
– YES.
うん、好きだよ。
– Truly??
本当に？
– OF COURSE.
そりゃ、もちろん。

_FOREVER?

ずっと、ずっと？

_YES my Love.

そうだよ、愛しい人。

_EVEN When I'm OLD, FAT and UGLY?

私が歳をとって、太って、醜くなったとしても？

_EVEN WHEN YOU'RE OLD, FAT AND UGLY.

君が歳をとって、太って、醜くなったとしてもだよ。

_DIRTY LIAR.

この嘘つき。

パリジェンヌからのアドバイス

5.

PARISIAN TIPS

To do list

パリジェンヌ的「一日のすごしかた」

仕事に行く前に、アパートの下にあるカフェの店員とビーズ〔頬っぺたへのキス〕をする。

朝食は食べない。

一人でランチしつつ、新聞を読む。

19時半〜22時半のあいだに、少なくとも1杯の赤ワインを飲む。

買い物途中に、素敵な言葉が耳に入ってきたら、迷わず手帳にメモする。

家を出る前に、香水をつける。場所は首の後ろと手首が効果的。

メトロに乗るときつらくなるとわかっていても、10センチのヒールは絶対に履き替えない。

「今日こそ、部屋の模様がえをしよう」と心に決める。

「やっぱり明日にしよう」と自分に言い聞かせる。

「あぁ、あの人を好きになってしまった」と気づいてしまう。でも、すぐに不可能な相手だと気づく。

アクセサリーをつけたまま寝てしまう。ただ、メイクだけはきっちり落としている。

Institut de Beauté

パリジェンヌ的「1週間のすごしかた　平日篇」

仕事でパリと地方を行ったり来たりする。「私が地方に住むことはないな」とつぶやきながら。

女の子の親友とソファに座り、昔の映画を観る。あくまでソファであって、ベッドに寝そべっては見ない。パリジャンは、寝室にテレビを置くのを嫌う傾向があるから。

パリジェンヌ的ディナーを企画する。

相手が誰であっても、同じトーンで話をする。親であっても、タクシーの運転手であっても、上司であっても。パーティーで偶然出会ったセレブに対しても、キオスクのおじさんに対しても、態度も声のトーンも変えない。

水曜の夜にもかかわらず、土曜の夜のような気分でパーティーで騒ぐ。

部屋を少し賑やかにするために、自分で花束を買ってみる。

男と別れたばかりの女友達からの飲みの誘いを優先するべく、スポーツジムの予約をキャンセルする。

男と別れるのだって悪くないな、と思う。再び別の人と恋に落ちたら、胃が痛くなり、食事も喉を通らなくなる。よって摂取カロリーも減る。だから、もうジムに通う必要もなくなる。

精神分析医のもとへ行く。

精神分析医への支払いのために、eBayで靴を売って小銭を稼ぐ。

精神分析医への支払いのために、eBayで靴を売ったという事実と、エディプスコンプレックスのあいだには、ジャック・ラカンの精神分析の思想によると、どんな関係性があるのだろうかと考えてみる。

パリジェンヌ的「1週間のすごしかた　週末篇」

少しは身体を休めるために、「金曜は夜遊びしない」と自分に言い聞かせる。

……なのに、仕事の後にアペリティフを1杯飲みに出かけ、友人たちにレストランに引きずり込まれ、最終的にクラブで踊り明かして終わる。

キレイな下着をつけていて良かった、と思う。いつ、何があるかわからないからね。

土曜の朝、最も仲の良い男友達と同じベッドで目を覚ます。その後、「結果」について、そしてこんなシチュエーションになってしまった「隠れた意味」について長い議論を始める。

もしくは、窓から見える景色がいつもと同じなので、自分のマンションで目が覚めたと思ったら、いつもより視線が低かった。自分の部屋よりも下の階の人の家にいるのだ、と気づく。

クロワッサンと、バターをたっぷり塗ったタルティーヌを食べる。なぜなら、今日は土曜の朝で、前夜にしっかりカロリーを消費したから。

ちょっとぐらい運動しようか、という気になる。ただ、“素敵な場所”限定で。たとえば、景色がきれいな公園でジョギングをするとか、歴史的建造物になっているプールで泳いでみるとか。

Petit bain

枝編みの買い物かごを持って、日曜のマルシェへ。野菜と焼きたてのパン、そして岩塩入りのバターで、最高のランチを作る。

あまりにも気持ちがいいので、日曜の午後はちょっと昼寝を。子供たちと一緒に、もしくはつき合いはじめたばかりの恋人とともに。

日曜の夜に憂鬱な思いですごすのは勘弁なので、とりあえず男友達を誘う。

友達が来てくれなかったら、美味しいボルドーワインを開け、カマンベールをのっけたタルティーヌで一人ディナーをする。これも、日曜の憂鬱に立ち向かうため。

そして、来週末こそは田舎ですごすんだ、と自分に言い聞かせる。

DIY

いつでもパリを持ち歩いて！

恋人をうまいこと
騙す方法

第1の掟：どんなときも、まずは否定すること。

自分が悪いんだと、思ってはいけない。あくまで自分がそうしたくてやっていること。相手への当てつけとしてやっているわけではないのだから。

自分に良い結果をもたらすものは、カップルにも良い結果をもたらすと信じる。つまり、あなたは単に気遣いができる恋人、と思えばいい。

恋人と共通の友人に、あなたの浮気相手を紹介してはダメ。ほかに好きな人ができて、結果、恋人を騙してしまうのはしょうがない。でも、恋人が“女を寝取られた惨めな男”と見られては、可哀想だ。自分が晴れやかな気持ちになるのと引き換えに、彼の自尊心を失わせてはいけない。

浮気相手の電話番号は、「非通知設定」と登録しておく。もしくは、親友の女性の名前で登録する。

……といっても、相手に完全にバレない方法なんてあるわけない。どんな浮気だって、最終的にはバレてしまうもの。その場合は、第1の掟を思い出す。

まずは、自分を正当化しよう。「恋をせずにはいられない病気」とかなんとか言って。ある意味、立派な病気だから。

恋人の悪口は、浮気相手には絶対に言わないこと。そんなぱっとしない男とつき合っている女とセックスしたい男なんて、いないはずだから。

浮気相手を、恋人のように扱わないこと。これだけははっきりさせておく。

そして、最終的には内緒で恋人と手を結び、浮気相手を裏切るんだ。

相手に信じ込ませる技とは？

「あなたが必要だ」ということを、彼にどのように信じ込ませるか。

赤ワインのボトルだって、もちろん一人で開けられる。

でも、彼にやってもらって。それだって、「男女平等」の立派な掟だから。

フランスの定番レシピ

パリジェンヌは、昔から伝わるレシピを大切にしている。毎回失敗するわけにもいかないので、いくつかのポイントを意識して作っている。本当なら誰にも教えたくない、絶対に失敗しない「コツ」をお教えしよう。

クレープ

いまやフランス以外の多くの地域にも浸透しているクレープだが、じつはブルターニュ地方の名物料理。フランスでは、2月2日の「シャンドルールの日」は「クレープの日」とされ、子供たちにクレープを作るのがお決まりになっている。フライパンを返しながら、「クレープが頭の上に落ちたら、どうしよう〜」なんて子供たちとはしゃぎながら作る。

砂糖とオレンジで味つけをすれば、パリのビストロの定番デザート「クレープ・シュゼット」となる。

■材料（4人分）

小麦粉　250g、卵　3個、植物性油　大さじ1（オリーブオイルではダメ）、砂糖　大さじ3（バニラ風味のものでも）、塩　ひとつまみ、水　大さじ1〜2、牛乳　1/2ℓ、ビール　カップ半分量

準備時間　10分、寝かせる時間　1時間、調理時間　1枚あたり約4分

■作りかた

・小麦粉をボウルに入れる。

　ポイント１：小麦粉はダマにならないよう、事前にふるいにかけておく。

・真ん中に凹みを作り、卵を割り入れる。油、砂糖、塩、水を加え、よく混ぜる（木製のスプーンがあれば、なお良い）。生地がきれいに混ざるように、少しずつ牛乳を加えていく。

　ポイント２：生地にカップ半分量のビールを加える（アルコールは加熱すると飛ぶ）。

・ビールを加えて混ぜたら、１時間ほど、タオルまたは布巾を載せ、休ませる。

・ペーパータオルに油を含ませ、フライパンにさっと塗る。フライパンを温め、厚さが２～４mmになるよう、生地を流し込む。片面２分ずつ焼く。自信があれば、フライパン返しをする。無理そうなら、ヘラでひっくり返せばOK。

　ポイント３：フランスでは、小銭をつかんだ手でフライパンを握り、そのまま生地をひっくり返すことができたら、家庭に幸せがやってくる、なんてジンクスもある。

さぁ、できあがり！　２つに折っても、４つに折ってもよし。そのまま手で食べよう。砂糖をまぶしても、ジャムを挟んでも、マロンクリームを塗っても、生クリームをのせてもいい。クレープにルールなんて、ないのだから。

イル・フロッタン（浮き島）

見た目もよく、準備も簡単で、そして何よりとても“軽い”デザート。ボリュームたっぷりのメインを食べた後、ずっしりと重いデザートは食べられないときでも、「一口食べてみようかな」という気になれる。パリのビストロなどでは、キャラメルソースとアーモンドがけ、というのが一般的だ。

■材料（6～8人分）

バニラビーンズ　1本、牛乳　1/2ℓ、卵　6個（黄身と白身にわけておく）、砂糖　110g、小麦粉　小さじ1、塩　ひとつまみ、キャラメルソース（瓶詰め、もしくは自家製のもの）

準備時間　20分、調理時間　15分、休ませる時間　10分、トータル　45分

■作りかた

・まずは、クレーム・アングレーズを作る。牛乳にバニラビーンズを2つに割って入れ、火にかける。沸騰したら火を止め、バニラビーンズを取り出す。

ポイント1：バニラビーンズがなかったら（フランスでは高いので）、バニラエッセンスか袋入りのバニラシュガーで代用しても。

・ボウルに黄身と砂糖80gを入れ、白っぽくなるまで泡立てる。温めた牛乳にそれを流し入れ、弱火にかけ、とろみをつける。

ポイント2：ちょうどよい硬さになるよう、小麦粉を小さじ1杯加える。

・沸騰させないよう木製のスプーンでかき回し続ける。表面の白い泡が消えれば、クレーム・アングレーズのできあがり。粗熱がとれたら、冷蔵庫に入れる。冷やしているあいだに、「島」を作っておこう。

・大きな鍋に、2ℓの水を入れ沸騰させる。ボウルを用意し、白身に塩ひとつまみを加え、泡立てる。しっかりと泡立ったら、砂糖30gを少しずつ加える。大きめのスプーン2本を使い、白身を卵型にし（＝「島」となる）、用意しておいたお湯に浮かべる。1、2分たったらそっと取り出し、ペーパータオルの上に並べる。白身が少し堅くなったら、できあがり。表面が乾きすぎないよう、気をつけよう。さて、盛りつけ。クレーム・アングレーズを入れたグラスに、2、3個「島」を浮かべ、キャラメルソースをかけよう。

ポイント3：自宅でキャラメルソースを作る場合は、大さじ1の水に対して、角砂糖5個くらいが適量。レモン汁も少し加える。キャラメ

ル色になってきたら、酢を数滴入れると、焦げつかない。

マヨネーズソース

フランスには、「生理中の女性は、マヨネーズをうまく作れない」という言い伝えがある。本当かどうかは別としても、手作りマヨネーズの美味しさは、市販のものとは比べ物にならない。ゆで卵につけても、生野菜につけても、海の幸と合わせても、立派な“ご馳走”となる。

■材料

黄身　1個分、辛めのマスタード　大さじ1、酢　少々（もしくはレモン汁）、中性油　100ml

塩、挽きたてのコショウ　少々

準備時間　10分

■作りかた

・大きめのボウルに、黄身、塩、コショウ、マスタードを入れ、混ぜる。少しずつ油を入れながら、ハンドミキサーでホイップする。フランスでは、マヨネーズをmonter〔ふっくらとさせる〕と表現するくらいなので、とろみを感じるくらい、ゆっくりと混ぜ合わせていく。油は少しずつ、腕は止めず、常に動かし続けていること。最後に酢（もしくはレモン汁）を入れる。ナツメグで香りづけしてもいいし、パプリカ、もしくはサフランなどで香りづけしてもいい。

ポイント1：材料はあらかじめ冷蔵庫から出し、室温にしておく。

ポイント2：マヨネーズは、ラップさえしておけば、24時間くらいは冷蔵庫でもつ。

ドレッシング

レシピもバリエーションも星の数ほどあり、フランス人なら誰もが自分だけのオリジナルのレシピを持っている。粒マスタードを加える人もいれば、醤油や砂糖を加える人もいる。エシャロットをたくさん入れるのが好きな人もいれば、バルサミコ酢しか使わない、なんて人も。基本さえ押さえておけば、あとは好きなものを好きなように入れればよいのです！

■材料

塩、コショウ、酢１：水１：油２

■作りかた

・すべての材料をボウルで混ぜる。

　ポイント：まず塩、それから酢、水、油、最後にコショウの順で。これ以外の順番はダメ。

・あとは、アイディア次第で好きなものを入れればいい。パセリ、シブレット、ワサビなどなど。

テーブルセッティングの作法

友人を自宅にディナーに招く際は、レストランのような完璧なもてなしをする必要はない。プリザーブドフラワーなどで派手派手しく部屋を飾りつけたりはしない。テーブルはシンプルに整えておけば、それで充分。食器はきちんとそろった一式でなく、半端ものの寄せ集めだって構わないし、蚤の市やネット上で見つけられるようなものでも充分なのだ。

コップがすべてバラバラでも誰も気にしないけれど、色つきのものはダメ。コップは透明、そして脚つきのものでなければいけない。

ナフキンは、イニシャルが縫われているような、白いハンカチを使っても美しく見える。eBayで簡単に安く見つかるし、おばあちゃんの引き出しを開けてみれば、たいてい見つかるはず！

ナフキンは、折り紙のように折る必要はなく、お皿の上に置いておく。

パリジェンヌの家では、「ラギオール」のナイフが使われていることが多い。これは、フランスの伝統的なナイフで、地方の村の名前からきている。小さな虫のマークが目印だ。

そのままで美しい木製のテーブルでない限り、テーブルクロスも必要だ。おばあちゃんたちのベッドに使われていた麻のシーツをうまく使い、テーブルクロスにしてもいい。真っ白か薄く色のついた生地がベスト。

テーブルには、開けたばかりのワインボトルと、水の入ったカラフを（ミネラルウォーターのペットボトルをそのまま置いてはダメ）。塩入れがなかったら、小さいボウルに塩を入れ、テーブルの両端に置こう。フランスの家庭でよく見かける大きな木製のコショウ挽きは、「ルビロサ」という名のもの。これは、ドミニカ共和国の名うてのプレイボーイ、ポルフィリオ・ルビロサに由来し、これが最も質のよいものとされている。

ぐちゃぐちゃに
集められたものたち

＊ヴァカンス先から送られてきたポストカード。たとえば、カプリ島のマラパルテ邸やスペインのフォルメンテーラ島の人っ子一人いない景色など。

＊タイトルが面白くて、切り抜いておいた新聞記事。

＊本や雑誌などから切り抜いた、カルト映画の場面写真。

＊何枚かの写真。あなた自身が写っている写真（「私って美人じゃない？」と言いたげな、実物以上に写ってはいないもの）。子供の頃の写真や若干ぼけている写真。もしくはスピード写真で撮った、モノクロ写真。

＊大好きだった映画のチケット。

＊好きだった展覧会のチケット。

＊親友の結婚 “前祝い” パーティーの招待状。

＊気に入っている絵や写真（コンサートのチケット、ポストカードなど）。

＊若い頃の身分証明書、もしくは昔の運転免許証。

＊心に残っている詩や引用、手書きの手紙など。

＊ブロカント〔古道具の専門店〕で買った古びた白黒写真、もしくは家族が持っていた古い写真。

＊あちこちで拾った貝殻。

＊さまざまな経験を思い出させてくれて、優しい気持ちになれる品物。

紳士的なマナーについて

フェミニストでありながら、女性に優しい紳士的な男性が好き、というのは、別に相反することではない。むしろ逆。紳士的な男性というのは、常に周りに気を配り、努力を続ける。これらは決して難しいことではないはずで、そうした男性がいるかいないかで、世の中は変わってくる。この生きにくい世の中で、人に優しくしてもらったり、紳士的に接してもらえるなんて、幸せ以外の何ものでもない。「紳士的なのね」と言えば、相手は一回りも二回りも"大きな男"になれる。そして、男性にそう接してもらうことで、女もまた「女」になるのだ。

なので、男性が以下のようなことをしてくれるのは、当然と言えば当然だ。

＊ドアを開けておいてくれる。

＊買い物袋やスーツケースを持ってくれる。女性は、ハンドバッグさえ持っていればいい。

＊ワインを注いでくれる。女性はボトルに触れなくていい。それは、じつは男にとっても都合の良いこと。女性を早く酔わせることができるから。

＊彼が家まで送ってくれて、玄関のドアを閉めるまでそこで待っていてくれる。彼も家に入りたがっているが、あなたはそれを望まない。誰かをちょっとだけじらすのも、別に害にはならないから。

ライトアップの秘訣

部屋の光をどのように調整するかは、洒落たソファを買うだとか、モードなペンキ屋で売れ筋のペンキを買う、といったことよりもじつは大事なこと。室内の装飾がどれだけ映えるか、日常の暮らしがどれだけ快適なものになるか、といったことは、日光がどのように入るかによって決まる。インテリアの魅力も、光によって引き出されるのだ。

「光」を「化粧」に置き換えてみるとわかりやすい。輪郭を落ち着いてみせるためには、光は優しいほうがいい。ネオンは避ける。温かくてロマンチックな雰囲気を、いくつかの光を使い演出するのが理想的だ。光をうまく使えば、部屋によって異なる雰囲気を生み出すことだってできるのだ。

台所　パリジェンヌは台所をサロンのようにも使うので、できるだけ賢く作り込むといい。もし、スペース的に余裕があるのなら、次の二つのスペースにわけても。一つは、ディナトワール〔アペリティフのようにディナーを楽しむ〕が可能なスペース。ここでは、おしゃべりしたり、相手を軽く誘惑したりできるぐらいの、柔らかい光がいい。もう一つは、料理に集中できるスペース。仔羊の腿肉の準備をしながら指を切ってしまってはその後のパーティーが台無しなので、手元まで照らしてくれるような強めの明かりがいい。

リビング　少しでも広く見えるように、部屋の四隅を光で強調する。巨大な天井灯の代わりに、複数の小さなランプで部屋を照らす。キャンドルを置いて、部屋を照らすのも一案だ。でも、間違っても低いテーブルにキャンドルを置かないように。下から照らされたりしたら、くまがくっきり見えるし、鼻の下に影ができて、ヒゲが生えているように見えかねないから。

寝室　キツすぎない、柔らかい光がいい。大きなランプは使わず（身体のラインがはっきり見えても困るし）、棚にとりつけているランプと読書灯で充分。

風呂場　浴室の光は、できるだけ自分に都合の良いものを選ぼう。自分が一番きれいに見えるように錯覚できる、お好みの光を見つけよう。

大人の室内ゲーム

パリにはカジノがない。なぜなら法律で禁じられているから。その代わりというわけではないが、パリジャンは室内ゲームが好き。ほとんど「文化」と言っていいくらいだ。そうした遊びは、基本的に一つのテーブルを囲んでおこなわれる。ディナーパーティーの席で、もしくは友人たちと軽く飲みながら大いに盛り上がる（人数は多ければ多いほど良い）。

代表的なゲームのルールを説明しよう。

フランス式「ネバーゲーム」

人数：最低２人
準備するもの：液体が入ったコップ（節度があろうとなかろうと飲み干せるもの）

まずプレイヤー１が、「人生で一度も体験していないこと」を告白する。たとえば、「まったく知らない人とセックスしたことがない」と言うとする。もしこの告白が本当だとしたら、プレイヤー１は何もしなくて良い。だが、これが嘘だった場合、コップの飲み物をひと口飲む。

ほかのプレイヤーも同じように、その告白に対し当てはまるか否かを、飲み物を飲むか否かで“答える”。それを順番に続ける。

絶対に場が盛り上がるゲームの一つ。

ブックゲーム

人数：最低２人
準備するもの：本

これは一種の占いのようなもの。

小説でもエッセイでもよいが、本を１冊用意する。まずプレイヤー１が立ち上がり、プレイヤー２に、自分の人生について質問をしてもらう。占い師に聞きたいような質問がいい。それからプレイヤー１はプレイヤー２に、「本の前から？　それとも後ろから？」と尋ねる。

もしプレイヤー２が「前から」と答えたら、プレイヤー１は本を１ページ目からパラパラめくり、プレイヤー２が「ストップ」と言ったところで手を止める。そして、プレイヤー２は「右から」もしくは「左から」と言う。これで、プレイヤー１が読むべきページが決まる。

それから、プレイヤー２は１から30までの数字を選ぶ。もし、それが14だったら、プレイヤー１は大きな声でページの14行目を読む。

その文章が、最初にプレイヤー２がプレイヤー１に尋ねた「人生についての質問」への答えとなる。その後、この答えをプレイヤー全員で分析する。これを順番に繰り返す。

辞書ゲーム

人数：最低４人
準備するもの：紙、ボールペン、辞書

プレイヤー1は、辞書のなかから、ほかのプレイヤーが知らないであろう単語を一つ選ぶ。

そして、その綴りを大きな声ではっきりと言う。ほかのプレイヤーは、各自で言葉の意味を考える。そしてそれを、辞書に載っているかのような言葉にし、紙に書き出す。プレイヤー1は正しい意味を紙に書く。ほかのプレイヤーの紙を集め、その中に自分の紙も忍ばせておく。この時、誰が何を書いたのか、わからないようにしっかり混ぜること。

プレイヤー1は、紙を1枚ずつめくり、そこに書かれた「意味」を読み上げる。すべての意味を言い終わった後、「どれが正しい意味と思うか」をほかのプレイヤーに問う。

正解を選んだプレイヤーは、1ポイント。最も多くの人を騙すことができたプレイヤー（つまり、もっともらしい答えを書いたプレイヤー）に2ポイントが与えられる。最後に、最も高い点数を得た人の勝ちとなる。

小説ゲーム

人数：最低4人
準備するもの：紙、ボールペン、何冊かの小説

基本的なルールは、辞書ゲームと同じ。違いは、小説を使うこと。

プレイヤー1が、その小説の最初の一文を読み、ほかのプレイヤーは最後の一文を当てるゲーム。

生きてゆくうえで
欠かせない“プチ贅沢”

パリジェンヌは、お金をとことん使い込む癖がある。自分に厳しくすればするほど、すぐに挫折してばーっと使ってしまうのだ。これは、ダイエットの原理と同じ。まったく必要でないものを、必要だと勝手に思い込み、散財してしまうのだ。つい手を伸ばしてしまうのは、たとえば以下のようなものだ。

＊**百合の花束**　花というものは、自分で買っても嬉しいものだ。

＊**名作の旧版**　ストーリーは同じなのだから、最新バージョンを買えばいいと思うだろう。でも、古い版のほうがなぜか買って読む喜びは大きい。

＊**ウニのプレート**　南仏では安いが、パリでは高い。そう思って食べると、より贅沢な味がしてくる。

＊**大きすぎるサングラス**　明け方まで遊んだ日に、疲れ気味の目を隠すため。

＊**エッセンシャルオイルを使ったマッサージ**　贅沢でもなんでもなく、身体をケアするための必要経費。

＊**eBayで見つけた、珍しい品物**　ほかの人の手に渡ってはいけない、と思うと、すぐに買ってしまう。

＊**ホテルですごすロマンチックな夜**　恋はプライスレス。

＊**美しいキャンドル**　自宅にいても、ホテルにいるような気になれる。手も足も出ないほど宿泊料金が高い場合は、これを買って気分を高める。

＊**レースの下着のセット**　あまりにも高い場合は、ブラジャーだけ。パンツは有りものでなんとかなると信じたい。

日曜日のシンプルレシピ

パリジャンは、採れたての、できるだけ自然のままの新鮮な食材を手に入れるべく、週末は張りきってマルシェに足を運ぶ。

ここでは、“日曜日のレシピ”を紹介。どれもこれも、５分の準備でできてしまうもの。日曜日はやることがたくさんあるのだから！

春のある日のレシピ／アスパラガスのパルメザンチーズ風味

■材料

形の良いアスパラガス　１人４本ずつ、オリーブオイル、削りたてのパルメザンチーズ、レモン汁（あれば）、塩、挽きたてのコショウ

準備時間　５分、調理時間　15分

■作りかた

・オーブンを220℃に温めておく。

・アスパラガスを水で洗い、根元を切っておく。アルミホイルの上に並べ、オリーブオイルをかける。温めておいたオーブンで15分ほど焼く。余分な油は紙で吸い取る。あればレモン汁をかけ、細かく削ったパルメザンチーズをかける。塩と挽きたてのコショウをふればできあがり。冷めないうちにサーブする。

夏のある日のレシピ／キャビア・ドーベルジーヌ

■材料（4人分）

実の詰まったナス　2本、エシャロット　1/2本（みじん切りにしておく）、レモン汁　大さじ2、塩　小さじ1/2、コショウ　ミールで4周分、オリーブオイル

準備時間　5分、調理時間　25分

■作りかた

・オーブンを210℃に温めておく。

・オーブン皿にオリーブオイルを塗り、水でさっと洗ったナスを並べる。約25分間、ナスが柔らかくなるまで焼く。

・ナスをオーブンから取り出し、冷ます。

・小さなスプーンを使い、ナスの中身をくり抜き、用意しておいたボウルに入れ、エシャロットを加える。オリーブオイルとレモン汁を加え、混ぜる。ナスがオリーブオイルを吸収し、なめらかなピュレ状になってきたら、塩、コショウを加える。アペリティフのつまみに、または肉料理のつけあわせに。

秋の日のデザート／焼きりんご

■材料

りんご　1人1個の計算で（フランスで見つけられるものでは、レネットやベル・ド・ボスクープなどが望ましい）

準備時間　5分、調理時間　25分

■作りかた

・オーブンを200℃に温めておく。

・水でりんごを軽く洗い、それぞれの芯をくり抜く。水を少しはったオーブン皿にそれらを並べる。りんごの大きさにもよるが、30分ほど焼く。りんごの皮にひびが入り、割れ目から果肉が出てくるようになったら、オーブンから取り出し、皿に盛る。

・砂糖をかけなければ、肉やブーダンなどのつけあわせに。砂糖をかければ、デザートに。

・デザートとするならば、芯をより大きくくり抜き、そこにレモン汁とハチミツを流し込む。りんごが焼き上がったら、オーブンから取り出し、粉砂糖をかける。温かいうちにかけると、キャラメル状に。温かいうちに、アイスまたはクレーム・アングレーズを添えて。

冬のある日のレシピ／ニンジンとグリンピースのスープ

■材料

ニンジンとグリンピースの缶詰　1缶、ワサビ

準備時間　5分、調理時間　10分

■作りかた

・ニンジンとグリンピースを、それぞれ別の容器に分ける。ニンジンをピュレ状にする。

・グリンピースを缶詰に残った汁とともにミキサーにかけ、スープ状にする。それぞれを温める。

・あまり深くない、サラダボウルの中央に、ニンジンのピュレを流し込む（島が浮いているように見えるように）。

・グリンピースのスープをニンジンの周りに流し込む。

・グリンピースの大きさほどのワサビを、サラダボウルのふちに添える。

ルーツの秘密

パリという街は、さまざまな土地から集まってきた人々で成り立つ。パリジェンヌの家系図を辿れば、ほとんどの人がほかの土地からやってきたことがわかる。ブルターニュ地方の香りと、アルジェリアの香りが同居する街。それがパリなのだ。さまざまな土地からやってきた人々がいるからこそ、パリには多面的な魅力がある。遙か遠い東洋の生活習慣もアフリカの習慣も、同じように取り入れられているのだ。

パリジェンヌの先祖は、代々子供たちにちょっとした“生活のコツ”を教えてきた。美貌を保つコツ、料理のコツ、掃除のコツ……。パリジェンヌは、そんな先祖からのアドバイスを生活に取り入れようとする。たんなる「アスファルトに咲いた花」ではなく、ちゃんと自分のルーツを思い出させてくれるから。

＊コーヒーの出がらしは、ゴミ箱には捨てず、台所の流しに捨てる。配管をきれいにしてくれるうえ、嫌な臭いまで取り除いてくれる。

＊バラを生けた花瓶の水にアスピリンを少し入れると、花が長持ちする。

＊新しくて、滑りやすい靴を履きやすくするコツ。思いきってナイフで靴の裏を引っかく。半分に切ったジャガイモで靴をこするという方法もある。

＊髪の泡を流す際、コップ半分の白ワインビネガーをかけてみる。髪を輝かせるコツだ。

＊ビールは肌にも、髪にも、爪にも効く。と言っても、アルコールではなく、あくまでビール酵母。サラダにかけても、肉にかけても、野菜にかけても良し。塩の代わりにもなる！

＊ラム酒とハチミツ、卵黄２つ、そしてレモン汁。これはケーキのレシピではなく、髪をしっとりさせるパックの材料。

＊浴室には、軽石を置いておこう。そして、週１回は足の裏をこすってみよう。これで常にスベスベになるはず。

＊薬局に売っている、どうってことのない、子供用のアーモンドオイルを買ってみよう。肌の保湿にも、手を保湿するのにも良いから、手放せなくなる。リピーターになること間違いなし。

＊シャワーの最後には、冷水を胸にかけよう。

＊レモン汁を搾った後、そのままゴミ箱に捨てず、爪を磨いてみよう。爪は強く、白く、きれいになる。

＊週に１回は、重曹で歯を磨こう。間違いなく、歯がピカピカになる。

＊窓ガラスは、新聞紙で拭く。ペーパータオルを使うよりも、断然エコだ。

＊朝食には、ときにパンではなくビスコット〔食パンを二度焼きした市販のパン〕を。バターを塗るときに割れないよう、２枚重ねてみよう。

パリ気分に浸れる映画ガイド

気分によって、お好みをどうぞ

フランス人がいつもセックスの話しかしていない（親の目の前でも）ということを確かめたいとき。そして、パリジェンヌのガールフレンドに愛想を尽かしたアメリカ人男性と一緒にパリを巡ってみたいとき――。そんな気分のときは、ジュリー・デルピーの『**パリ、恋人たちの２日間**』がおすすめ。パリジェンヌが、いかにイカれているかよくわかるはず（そこまで？　という気もするけれど）。

ミュージカル映画が好きで、『**巴里のアメリカ人**』を少なくとも40回は観た、という人は、ちょっと趣向を変えてクリストフ・オノレの『**愛のうた、パリ**』はいかが？　いまどきの若者の恋の苦しみを描いた作品で、主演のルイ・ガレルのかっこよさに言葉を失うはず。

モノクロのパリに酔いしれたければ、1968年の五月革命を経験した若者たちの“その後”を描いたフィリップ・ガレルの『**恋人たちの失われた革命**』を。革命に燃え尽きた若者たちの迷い、叫び、そして喜びが詰まった作品。男女の出会いと別れも余すところなく描かれている。

同僚に恋をした。でも、単なる同僚じゃなく、なんと歳下のアシスタント。しかも、刑務所から出てきたばかりの前科者――。パリでは、不可能な恋愛なんてない。そんな気分で映画を選ぶなら、ジャック・オディアールの『**リード・マイ・リップス**』がいい。

高校時代の遊び仲間たちの15年後を描いたセドリック・クラピッシュの『**青春シンドローム**』。青春時代をともにすごした仲間との衝突、裏切り、ドラッグ、そして70年代の政治思想の終わり……。この映画の登場人物たちと同じように「外国語教師のアシスタント」に恋をしたことがある人も多いはず。

仕事に行き詰まったある作家は、小説のネタにするべく偽装恋愛を仕掛ける。煙がたちこめるパリのカフェで、ターゲットとなる若い女性を見つける——というのが、クリスチャン・ヴァンサンの『**恋愛小説ができるまで**』。文学的な側面と映画的な良さを併せ持った作品。

エリート女性が、恋に落ちた。相手は定職を持たず、その日暮らしをしている男。彼に恋する理由なんて、何一つ見つけられないけれど、どうしようもなく惹かれてしまう……。そんなパリジャンのリアルに触れたければ、エリック・ロシャンの『**愛さずにいられない**』を。

最もパリジェンヌなフランス人女優、カトリーヌ・ドヌーヴを忘れちゃいけない。第二次世界大戦中のナチス占領下のパリ、という歴史の暗部を知りたければ、フランソワ・トリュフォーの『**終電車**』を見るといい。

フランス的エスプリを、面白おかしく描いてみせたイヴ・ロベールの『**Un éléphant ça trompe énormément**《象はよく人をだます》』。ここに登場するのは、女性を騙す男性が好きな女性をなぜか好きになってしまう男性の話。物語の途中で、1970年代のコンコルド広場やパリ16区が映し出されている。

空っぽの冷蔵庫を前に物思いにふけってしまうタイプなら、ベルナルド・ベルトルッチの『**ラストタンゴ・イン・パリ**』は外せない（未成年はお断り。セックスシーンのオンパレードにも免疫がある人限定)。身体だけの恋愛はのめり込む一方で、出口なんて見えやしない。主演はマーロン・ブランド。

夫と愛人、どちらかを選べない……なんてことになったら、クロード・ソーテの『**夕なぎ**』を思い出すといい。ロミー・シュナイダー演じる主人公ロザリーは2人の男性に愛され、3人は深い友情で結ばれる。これこそ、フランス的3人の共同生活(夫婦+愛人)。理想的な三角関係だ。

シャンゼリゼ大通りでヘラルド・トリビューンを売るアメリカ娘が恋に落ちる相手といえば? 答えを知りたければ、ジャン=リュック・ゴダールの『**勝手にしやがれ**』を。ヌーヴェル・ヴァーグのなかでも、最も有名な作品のひとつ。

かっちりとしたスーツに身を包み、夜のパリの街を一人彷徨《さまよ》う——。ときにそんな自分を想像してしまう人は、ルイ・マルの『**死刑台のエレベーター**』のジャンヌ・モローを参考にするといい。黒い石畳に街灯の黄色い光、そしてマイルス・デイヴィスの音楽。そこに、「取り返しのつかない失敗をしてしまった愛人」がいたら、シチュエーションとしては完璧だ。

1930年代のあまり治安がよくないエリアを体験したいなら、マルセル・カルネの『**北ホテル**』を。当時のサンマルタン運河沿いの雰囲気がよく出ている。この白黒の古典映画は、ハンカチなしでは観られない。

_Do you know WHO that is?

あの人、誰か知ってる？

_OBVIOUSLY.

もちろん……。

_She's GORGEOUS Don't you think?

彼女、なかなかの美人じゃない？

_YES AND SHE KNOWS IT.

まあね、しかも自分がキレイだってわかっている感じよね。

_She's an ACTRESS

彼女、舞台女優なんだよ。

_AN *OUT OF WORK* ACTRESS.

でも、どうせ仕事ないんでしょ。

_I'm invited to her PARTY on saturday night.

土曜日、彼女主催のちょっとしたパーティーに呼ばれているんだけど。

_OH... Can I come?

ウソ？　私も行ってもいい？

「人に気に入られようと思って仕事をしている限り、
成功することなんてできない。
しかし、自分自身が納得するように取り組んだ仕事は、
必ずや誰かの興味を引くことができる」

――マルセル・プルースト　『模作と雑録』

英語だって使うんです

フランス語として使われている英語

ベビーシッター　＊　ベストセラー　＊　ボス　＊
ブレインストーミング　＊　ブリーフィング　＊　コーチ　＊
カムバック　＊　クール　＊　デザイン　＊　ディスカウント　＊
フェアプレイ　＊　ファストフード　＊　インタビュー　＊
リーダー　＊　ノンストップ　＊　パッケージ　＊　ペナルティ　＊
プール　＊　リメイク　＊　ラッシュ　＊　スクープ　＊
セルフ・コントロール　＊　セクシー　＊　ショッピング　＊
スケートボード　＊　スキンヘッド　＊　スポンサー　＊
ストレス　＊　トークショー　＊　タイミング　＊
アンダーグラウンド　＊　ウィークエンド

babysitter ＊ best seller ＊ boss ＊
brainstorming ＊ briefing ＊ coach ＊
comeback ＊ cool ＊ design ＊ discount ＊
fair play ＊ fast food ＊ interview ＊
leader ＊ nonstop ＊ package ＊ penalty ＊
pool ＊ remake ＊ rush ＊ scoop ＊
self-control ＊ sexy ＊ shopping ＊
skateboard ＊ skinhead ＊ sponsor ＊ stress ＊
talk show ＊ timing ＊ underground ＊
weekend

英語として使われているフランス語

アデュー　＊　ア・ラ・カルト　＊　アール・デコ　＊
アヴァンギャルド　＊　ボナペティ　＊　ブルジョワ　＊
ブルネット　＊　セ・ラ・ヴィ　＊　シック　＊　クリシェ　＊
コケット　＊　クレーム・ブリュレ　＊　デコルテ　＊
アンコール　＊　アンニュイ　＊　ファム・ファタル　＊
フィアンセ　＊　フィルム・ノワール　＊　フォアグラ　＊
オートクチュール　＊　オードブル　＊　ランジェリー　＊
マルディ・グラ　＊　ネグリジェ　＊　ヌーヴェル・ヴァーグ　＊
プティット　＊　プレタポルテ　＊　レゾン・デートル　＊
ランデヴ　＊　サボタージュ　＊　スヴニール

adieu * à la carte * art deco *
avant-garde * bon appétit * bourgeois *
brunette * c'est la vie * chic * cliché *
coquette * crème brûlée * décolleté *
encore * ennui * femme fatale *
fiancé/fiancée * film noir * foie gras *
haute couture * hors d'oeuvre * lingerie *
Mardi Gras * négligée * nouvelle vague *
petite * prêt-à-porter * raison d'être *
rendez-vous * sabotage * souvenir

パリジェンヌを
よりよく知るための
「15のキーワード」

AAAAA

パリジャンは（というより、フランス人全般的に）、一見したところ食欲をそそらない、見かけの悪い食べ物が大好き。ここで具体的に書くのはちょっとはばかられるような物に似た食べ物だって、喜んで口にする。アンドゥイエットとは、まさにその代表だ。豚や牛の内臓に香辛料やワインで風味をつけたものを、豚の腸に詰め込む。見かけは、太いソーセージのよう。レストランでは、「正統派アンドゥイエット愛好家友好協会」を略した「AAAAA」という文字が添えられていることが多く、これは伝統的な製法で作られたものであることを意味する。そのビジュアルに怖じ気づき、尻込みしそうになったら、目を閉じて、口を大きく開けてまずはひと口食べてみるといい。絶対に後悔はしないはずだから。

Bise（ビーズ） 頬っぺたへのキス

フランス人は、「ボンジュール〔こんにちは〕」「オ・ルヴォワール〔さようなら〕」と言いながら、「ビーズ」をする。ビーズとは、頬っぺたにキスをすることを指す。これにもちゃんとルールがあり、好きなように好きなだけやってよい、というわけではない。正しいビーズとは、まず2人で向き合い、口で「チュッ」という音を出しながら頬っぺたをくっつけ合う。片側が終わったら、顔の向きを変え、反対の頬へ。回数は地方によって異なる。たとえば、南仏では片側2回ずつ、計4回するが、ブルターニュ地方では3回でやめる。パリジャンは2回がスタンダードで、それ以上はしない。ビーズをしながら、間違ってもアメリカ式に「ハグ」をしないように。顔はくっつけ合うが、身体はくっつけてはいけないのだ。

Carnet（カルネ） 手帳

パリジェンヌは、日記をあまりつけず、想像上の友達相手に自分の悩みを打ち明ける、なんて習慣もない。日記を書いても、どうせ読まれたくない人に読まれて終わると考えるパリジェンヌは、できるだけ「足跡」を残さないでおこうと考える。その代わり、というわけではないが、パリジェンヌはいつもリュックにカルネを入れ、持ち歩いている。一番人気は、モレスキンというブランドの「黒」。そこに、すべてを書き込む。本を読んでいて気になったフレーズ、いますぐやらなければいけないこと、好きな言葉、意味を確認したくなった歌詞、カフェで知り合った男の人の携帯電話の番号、昨夜見た夢……。頭に思い浮かんだことすべてを、そこに書き記すのだ。

Camembert カマンベール

「フランス人はカマンベールばかり食べている」というイメージがあるようだが、これは単なるイメージではなく、事実だ。文字通り、すべてのフランス人がチーズを食べる。朝も夜も、何時でも。朝からグリュイエールチーズを食べる人もいれば、午後の４時頃におやつ代わりに、シェーヴルを載せたパンを食べる人もいる。深夜までクラブで踊り、自宅に戻ってから、赤ワインとトロトロに溶けたカマンベールを食べ、小腹を満たすのが最高！　という人も多い。

チーズ、とくにカマンベールは存在自体が「アート」である。チーズは専門店で買ったほうが、質の高いものが手に入る。ただ面白いことに、ほとんどのチーズは専門店で買っても、カマンベール**だけは**スーパーで買う、という人も少なくない。スノッブを自称する人々だってそうなのだから、ほとんどのフランス人がそうなのではないか。スーパーで見つかるカマンベールのなかでは、Lepetit《ルプティ》というブランドのものがとくに人気。カマンベールは、いまにも下に垂れてきそうなくらい、トロトロに溶けている状態で食べるのが一番。カチカチに固まったものを食べるなんて、まったくもってありえない。

Province（プロヴァンス） 地方

フランスは、地理的に見て大きく二つに分かれる。パリとプロヴァンスだ。なので、プロヴァンスとは何か？　と聞かれたら、答えは「パリでない場所」。

Piscine（ピッシーヌ）　プール

パリジャンは、パーティーなどで頻繁にシャンパンを飲む。だが、発泡性のある飲み物なので、空きっ腹で飲むと胃が悲鳴をあげはじめ、とりあえず胃に何かを入れるために、おつまみをとりに走ることになる。さらに厄介なことに、ゲップまで出ることも。そこでパリジャンは、シャンパングラスに氷を入れることを思いついた。これをPiscine〔プール〕と呼ぶ。胃のムカつきは治まり、口臭を抑えられるようにもなる。常識ある人々は、「シャンパンに氷を入れるなんて信じられない！」と言うに違いない。でも、スノッブなパリジャンは、基本的に他人と違うことがやりたいので、そう言われると、ますます喜んでやるようになるのだ。

Vin rouge（ヴァン・ルージュ）　赤ワイン

ヴァン・ルージュをまったく口にしない、なんてフランス人はいない。でも、ここにもパリジェンヌ的ルールがある。まず最初に、自分が好きなタイプの赤ワインを決めておく。じつは、これが一番大切なことだ。自分の好みが決まっていると、「私、基本的にボルドーしか飲まないから。なかでも、サンテミリオンが好きなのよね」と上から目線で言えるし、「私に、コート・デュ・ローヌなんて、間違っても飲ませないでね」なんて言ってのけることもできる。それから、いわゆる「デギュスタシオン」という過程はすっ飛ばすこと。デギュスタシオンとは、グラスの中でワインを回し、匂いを嗅ぎ、鼻をグラスの内側に近づけて、口をゆすいでいるかのようにグチュグチュと音をたて、吸い込む行為。つまり、まるで歯医者。パリジェンヌは、自分たちはちゃんと匂いを嗅ぎ分けられる「鼻」と、美味しいものをジャッジできる「舌」を生まれつき持っていると思っているので、こんな専門家を真似る必要などないのだ。

Samedi（サムディ）　土曜日

本物のパリジェンヌなら、土曜の夜は夜遊びなんてしない。レストランやクラブは、週末に地方からやってきた酔っ払いや学生たちに占領されているからだ。なので、パリジェンヌの大事なイベントが土曜の夜に設定されることはない。では土曜の夜は何をしているのか、というと、パリジェンヌは自宅で、近しい人々と内輪だけのパーティーを楽しんでいることが多い。そして月に1度は、文化的な活動にいそしむ。劇場に行ったり、オペラを観に行ったり、夜遅くまで開いている美術館に行ったり、何度も改装を繰り返しているような古い映画館で、モノクロ映画を観たり。土曜の夜に、大がかりなパーティーをするなんてことは、まずないのだ（その日がちょうど誰かの誕生日だったり、ということをのぞいて）。

Psychanalyste（プシカナリスト）　精神分析医

多くのパリジャンは「精神分析医」のもとを度々訪れる。一方で、クリエイティブな精神を持つためには、多少病的であったほうがいいと主張して、精神分析医に通うことを断固として拒否する人もいる。いずれにせよ、必ず盛り上がるネタではある。女性の精神分析医にかかるべきか、それとも男性のほうがいいのか。自分が男の場合は、どちらがいいか。女ならどうか。ラカン派がいいのかフロイト派がいいのか、それともユング派か。行くつもりだったけれど行けなかった日の分はちゃんと払うべきなのか。祝日の分はお金を支払うべきか、払わなくて良いのか、などなど。とはいえ、どんな診断が下されたか、などの詳細を他人に話したりはしない。自分の夢をいちいち人に言いたがらないのと同じ。自分のことをペラペラ人に話すのは、とても悪趣味なこと、とされている。

Boire un verre（ボワール・アン・ヴェール）　1杯飲む

パリジャンは、「1杯飲みに行く」のが好き。これは、「カフェ（エスプレッソ）を飲む」のとほとんど同じ意味を持ち、違いは18時より前か後か、だけ。パリにはビストロやテラスのあるカフェが溢れており、フランス人はそこで飽きずに何時間でも話し続ける。「1杯やらない？」と誘われたら、それは「アルコールを飲みながら、引きずり回すよ」という公式のお誘い。そこに、大きな理由なんてない。1～2時間は平気で話し続け、そのあいだにセックス話から痛くもかゆくもないお天気の話まで、実に多くの話をする。誰にも強制されることのない、とてもいい時間だ。

Sous-texte（ス・テクスト） 隠れた意味

パリジェンヌは、常に相手が発する言葉の裏を読もうとする。言葉の裏で、本当はどんなことを考えているかを見破ろうとするのだ。ときにそんな考えが口から飛び出してしまうこともある。「いつも彼はこの言葉を使うけれど、本当は何が言いたいのかしら」「義理の母親がこれを贈ってくるのって、何か言いたいことでもあるのかしら」「ちょっとうっかり言い間違えただけかしら」などと大騒ぎし、言い合いになることだってある。パリジェンヌは、「自分は相手の考えていることを読むのが、誰よりも得意」と思い込んでいる。パリジェンヌは、時間をかけてでも周囲の人々の言動を読みとろうとし、勝手にさまざまなシチュエーションを妄想する。結果、相手も自分も疲れ果てて終わる。

Croissants クロワッサン

これもカマンベールと同じで、フランス人なら誰でも食べていると思われている食べ物の一つだ。確かに、パリジェンヌは三日月の形をした、バターたっぷりのクロワッサンが大好き。バターが染み込んだパン屑を洋服やシーツの上にポロポロこぼしながら、頬張る。クロワッサンを食べるのは、おもに日曜の朝、子供たちと。もしくは月曜の朝、ストレスの多い仕事に立ち向かう前。最も食べる機会が多いのは、ヴァカンスのときで、クロワッサンを食べないヴァカンスなんて、ヴァカンスとは呼べないとさえ思っている。でも、こんなにバターたっぷりのクロワッサンを口にしても、パリジェンヌが太らないのはなぜだろう。それは、周囲の人々がカロリーについてとやかく言う前から、「自分には食べる権利がある」と自分に思い込ませているから。ということは、やっぱり太ってはいるのか！

Théâtre（テアートル） 劇場

パリに存在する劇場の数を数えてみると、その多さに改めて驚かされる。パリジャンは、赤いベルベットの緞帳がかかった劇場に足を運び、決して座り心地が良いとは言えない席に腰掛け、観劇を楽しむ。コメディ・フランセーズで古典劇を観たり、パリの北エリアにある小さな劇場で、若手コメディアンのパフォーマンスを楽しむことだってある。チャンスを求める役者たちは、地方に留まらず、みなパリにやってくる。これはほかの大都市も同じこと。「新作が完成したから」なんて言って、年2回も3回も、自分の芝居を観に来いと言ってくるような男友達がいたら最悪だ。ある一定の年齢に達したパリジェンヌは、国立劇場の年間会員になり、定期的に新作を観に行っている。こうした習慣は年齢を経て、身につけていくもの――逆にいえば、こんな習慣が身についたことに気づいたら、歳をとったな、と実感したほうがいい。

Marché（マルシェ） 市場

パリジャンの日常に欠かせないマルシェ。パリのどのエリアに住んでいたって、少し歩けば、必ずマルシェに出会える。毎日開催されるものもあれば、屋内で開かれるものもある。だが、最も一般的なのは週2日ほど、屋外の決まった場所で開かれるマルシェ。ここでは、まだ土のついている根菜や、よく見ると小さなカタツムリがくっついているようなサラダ菜を見つけることができる。パリジャンは、マルシェでこうした野菜を買うのを好む。マルシェの店主たちと会話を交わし、常連ぶるのだって嫌いじゃない。区によっては、法外な値段で野菜や肉を売る店もあるが、逆に考えられないほど安い値段で買い物ができる店もある。マルシェには、もちろん普段着で、肩に大きなカゴをかけて向かう。もしくは、おばあちゃんが使っていたショッピングカートをひいて、そこにバゲットを無造作に突っ込んで歩く。それぞれのマルシェに特色があるので、好みに合わせて選んでもいい。ご近所さんとすれ違い、話が弾み、近くのカフェで一杯やってから、家に帰りランチの準備を始めることだってある。マルシェに行くと、みな子供時代を思い出さずにはいられない。とても楽しく、幸せな場所なのだ。

Plouc（プルック） 野蛮な

パリジャンにとってこの言葉は、「品のない田舎者」「愛想がない」、もっと言ってしまえば「野蛮な」を意味する。社会の階級を理由に、人を差別する言葉ではない。たとえば、フランスのファーストレディーが、公の場で夫をあだ名で呼んだとしたら、それは充分「プルック」と言えるのだ。

おすすめスポット

自分にはいま何が必要で、何を欲していて、どんな問題を抱えているのか。本当の意味で「街に暮らす」ということは、まず自分にそんな問いかけをすることから始まる。

どの店にも、その店にしか果たせない役割がある。愛人とランチをしたレストランに、大叔母を誘うなんてことはまずないでしょ？　自分のニーズを知り、間違いのない店選びをするヒントとして、以下を挙げたい。

現実逃避をしたいなら

日常の嫌なことを一瞬でも忘れたい、というときに訪れたい場所。意外なチョイスかもしれないが、よいリフレッシュになるのは確か。まるで、時を旅しているような気分に。

■国立自然史博物館　Galeries d'Anatomie comparée et de Paléontologie

2, rue Buffon 75005 Paris

mnhn.fr/fr/visitez/lieux/galeries-anatomie-comparee-paleontologie

深夜グルメの聖地

深夜0時を過ぎても開いているため、夜の公演を終えた女優たちもこぞって訪れるレストラン。やや古びてはいるが、真夜中でも美味しいものを食べたいカップルでいつも賑わっている。

■ア・ラ・クロッシュ・ドール　A la Cloche d'Or　レストラン

3, rue Mansart 75009 Paris　alaclochedor.com

キスしたくなったら

ファーストキスは、水族館の薄暗い光の中で……なんて素敵じゃない？

■ パリ水族館　Aquarium de Paris

5, avenue Albert de Mun 75016 Paris　cineaqua.com

とっておきの打ち合わせスポット

シックな和風ティールーム。急な仕事の打ち合わせ場所としても最適。

■ とらや パリ　Salon de Thé TORAYA

10, rue Saint-Florentin 75001 Paris　toraya-group.co.jp/paris/salon

ロマンチックな散歩を演出

パリという街の歴史が詰まった場所。晴れた日にはピクニックもできるし、恋人とのロマンチックな散歩も演出してくれる。

■ リュテス円形劇場　Arènes de Lutèce

47-59, Rue Monge 75005 Paris

リアルパリジェンヌになれる

シャツでも、ワンピースでも、ベストでも、着るだけで本物のパリジェンヌのように見える服が見つかる店。なんとも言い表せない、シックかつポエティックな服が見つかる。

■ トムセン　Thomsen　ファッションブランド

98, rue de Turenne 75003 Paris　thomsen-paris.com

家庭料理が恋しくなったら

とてもアットホームで、その昔おばあちゃんが作ってくれた料理を思い出さずにはいられない店。田舎風野菜のロティに、蒸し魚、そして素朴なメレンゲのデザート。この店でディナーをすると、まるで舌を再教育してもらっているような気分に。

■ **ペトレル　Pétrelle**　レストラン

34, rue Pétrelle 75009 Paris　petrelle.fr

ハーブの力で体質改善

自然療法士の予約が何週間もとれない、というのなら、この小さなハーブ薬局に行ってみるといい。すぐに相談できるし、効果もてき面。無料でアドバイスを受けられるのも嬉しい。扱っているハーブの種類も多く、解毒作用のあるものや抗酸化成分を含むメディカルハーブをこちらで購入すれば、医者いらず。自身でケアができるのだ。

■ **エルボリストリ・デュ・パレ・ロワイヤル　ミシェル・ピエール**

Herboristerie du Palais Royal, Michel Pierre　ハーブ薬局

11, rue des Petits Champs 75001 Paris　herboristerie.com

誕生日パーティーの強い味方

「子供にちゃんと○○してあげられなかった」なんて、絶対に自分を責めない、罪の意識を感じないのがフランスの母親たち（そもそも自分の母親が誕生日ケーキを作るために6時間もキッチンにこもっていた、なんて記憶もない）。誕生日パーティーに招いた人々を喜ばせるには、料理のプロに任せてしまうのも一考。

■シェ・ボガト　Chez Bogato　パティスリー兼雑貨屋

7, rue Liancourt 75014 Paris　chezbogato.fr

本当のあなたはどんな人？

ある有名な絵画作品の前を、デートの待ち合わせ場所としてみる。その絵画を見れば、相手はあなたがどんな人間かすぐにわかるかもしれない。たとえば、ドラクロワの『民衆を率いる自由の女神』。あなたは、胸を露わにすることになんの抵抗もない女性、なんてことも相手に伝わる……かも。

■ルーブル美術館　Musée du Louvre

75058 Paris　louvre.fr

ゴージャスなレストランで朝食を

パリで最も内装が美しいレストランの一つで、優雅な気分で朝食をとることができる。気持ちの良い場所で一日を始められるなんて、最高だ。列車の乗り場のすぐ横、という場所もいい。相手のことが気に食わなかったら、電車に飛び乗って逃げられるから。

■ル・トラン・ブルー　Le Train Bleu　リヨン駅内のレストラン

Gare de Lyon　Place Louis-Armand 75012 Paris　le-train-bleu.com

エロティック広場

形がきれいな三角形の広場。女性器の形に似た場所でキスをするなんて、なんだかとてもエロい。

■ドフィーヌ広場　Place Dauphine

75001 Paris

夜遊び万歳！

気分良くディナーができる、ホテル内レストラン。デートの相手が退屈な男なら、ここで新しい友達を作ればいい。

■オテル・アムール　**Hôtel Amour**　ホテル、レストラン

8, rue Navarin 75009 Paris　hotelamourparis.fr

お忍びで使いたい隠れ家ホテル

モンマルトルにあるホテル。宿泊者しか入れない庭が魅力。人の目を気にせずランチをすることができる。

■オテル・パルティキュリエ　**Hôtel Particulier**　ホテル

23, avenue Junot 75018 Paris　hotel-particulier-montmartre.com

気分がアガらないときは

パリの最高級ホテルのバーは、失恋した親友とビールを飲むのにぴったりな場所。部屋の予約まではできないけれど、ちょっとした贅沢をプレゼントすることで、相手はきっと元気になってくれるはず。

■バー・アングレ　オテル・ラファエル　**Bar Anglais, Hôtel Raphael**

17, avenue Kléber 75116 Paris　raphael-hotel.com

パリで最も美しい図書館

一日じゅう試験勉強をしても、手紙を書いても、気分良くすごせる歴史ある図書館。ここにいると、どんどん斬新なアイディアが浮かんでくる気がする。

■ マザラン図書館　**Bibliothèque Mazarine**

23, quai de Conti 75006 Paris　bibliotheque-mazarine.fr

まるでポストカードな店

美味しいココアが飲める、ウィーン菓子の専門店。ご近所のパティスリーといった趣きで、家庭的な雰囲気のなか、スイーツや軽食を食べることができる。テイクアウトもできるので、ソルボンヌの学生や教師でいつも賑わっている。

■ パティスリー・ヴィエノワーズ　**Pâtisserie Viennoise**　パティスリー

8, rue de l'Ecole de Médecine 75006 Paris

街中のオアシス

母親や最も仲の良い女友達とお茶をするときなどに。雰囲気のある庭で、ジェーン・オースティン作品のヒロイン気分に。

■ ロマン派美術館　**Musée de la Vie Romantique**　美術館、サロン・ド・テ

16, rue Chaptal 75009 Paris

二日酔いが抜けないときは

パーティーで飲み明かした日の翌日は、この店の美味しいチーズバーガーを食べるといい。ブラッディ・メアリーを飲んでいると、頭がすっきりしてきて、現実に戻れる気がする。

■ ジョー・アレン　**Joe Allen**　レストラン

30, rue Pierre Lescot 75001 Paris　joeallenparis.com

これぞニューシネマ・パラダイス

まるで自宅にいるような雰囲気で映画を観ることができる。日曜の夜、古いイタリア映画を観たくなったら、ぜひここへ。

■ **ルフレ・メディシス　Reflet Médicis**　映画館

3, rue Champollion 75005 Paris　reflet.cine.allocine.fr

最高のプレゼントを探して

人にプレゼントをあげたいと思っていても、アイディアもなければ、いろいろな店をゆっくり見て回る時間もない……。そんなときは、以下の店へ。比較的安いものから、高級なものまであり、必ず相手に喜ばれるプレゼントが見つかる。

■ **ラ・ユーヌ　La Hune**　本屋

16-18, rue de l'Abbaye 75006 Paris

■ **ブティック・ド・ルイーズ　La Boutique de Louise**　アクセサリー、インテリア

32, rue du Dragon 75006 Paris　laboutiquedelouise.com

■ **シール・トゥルドン　Cire Trudon**　キャンドル

78, rue de Seine 75006 Paris　ciretrudon.com

■ **7L**　本屋

7, rue de Lille 75007 Paris　librairie7l.com

■ **メルシー　merci**　コンセプト・ストア

111, boulevard Beaumarchais 75003 Paris　merci-merci.com

■アスティエ・ド・ヴィラット　Astier de Villatte　インテリア、食器

173, rue Saint-Honoré 75001 Paris　astierdevillatte.com

週末は蚤の市巡りへ

たとえ手ぶらで家に帰ったとしても、まるで時空を旅したような満足感は残る。もちろん、物色した結果、掘り出し物に出会えることも。

■クリニャンクールの蚤の市　Marché aux Puces de Clignancourt

Porte de Clignancourt 75018 Paris

急なディナーには

夜遅くまで、そしてパリでは珍しく週末も開いているトレトゥール〔総菜店〕。ワインに新鮮な卵、ハムやソーセージ、そして自家製チョコレートなど、どれも質の高い品が並ぶ。急に友人をディナーに招くことになった際には大助かりの１軒。

■ジュレス　Julhès　エピスリー、トレトゥール

54, rue du Faubourg Saint-Denis 75010 Paris　julhesparis.fr

まるで“別宅”なカフェ

自宅のリビングやオフィスにいるような感覚で使えるカフェ。店主とも敬語を使わず話せるし、電源もあるからパソコンを広げることもできる。「もっと音楽を下げて」なんて気軽に言うことも許される店。レモネードも美味しいし、料理もシンプルで美味。

■レストラン　マルセル　Restaurant Marcel　カフェ、ビストロ

1, villa Léandre 75018 Paris　www.restaurantmarcel.fr

ルーブルを眺めながら

ルーブル美術館の回廊の一角に造られたカフェ。テラス席に座ると、これ以上ないくらい優雅な気分を味わえる。カフェ1杯の値段はほかよりも高いが、世界じゅうどこを探しても同じような眺めには出会えない。

■カフェ・マルリー　**Le Café Marly**

93, rue de Rivoli 75001 Paris　beaumarly.com/cafe-marly/accueil

テンションが上がる超穴場バー

店に入った瞬間から、独特な雰囲気を感じることができるバー。何でもできそうな気がしてきて、ついつい妄想してしまいそうになる。

■ロンブュスカード　**L'Embuscade**　バー、レストラン

47, rue de la Rochefoucauld 75009 Paris

魅惑のタルト専門店

パリ随一のケーキ&タルトの店。店に入ると童心に返り、思わずはしゃいでしまう。甘いタルトはもちろん、キッシュなどの塩系タルトも充実。

■タルトリー　レ・プティ・ミトロン　**Tarterie Les Petits Mitrons**

26, rue Lepic 75018 Paris

「お宝探し」の後には

パリ近郊の街サン・トゥーアンの蚤の市で、古いレコードやヴィンテージものの洋服や家具を探し、お腹がすいたらこの店へ。ムール貝とフリットを食べながら、ボヘミアンジャズを聴く至福のひとときが待っている。

■ラ・ショップ・デ・ピュス　**La Chope des Puces**　カフェ

122, rue des Rosiers 93400 Saint-Ouen　lachopedespuces.fr

謝辞

私たちがまず御礼を言いたいのは、アリックス・トムセン。この本を書くうえで、インスピレーションを与えてくれた。

それから以下の方にも心からの御礼を言いたい。クリスチャン・ブラッグ、ディミトリ・コスト、オリヴィエ・ガロ、カール・ラガーフェルド、BLK DNM（ブラック　デニム）のヨハン・リンドバーグ、ラファエル・ルガシイ、ステファン・マネル、ジョン=バティスト・モンディノ、サラ・ナタフ、ヤロル・プポー。そして、SO-ME（ソーミー）とアンヌマリエケ・ファン・ドリメレン。ともに仕事をしてくれて、感謝。

そして、スザンナ・レア、シェリー・ワンガー、ナジャ・ボルドウィン、フランソワーズ・ガヴァルダ。

以下の方々も。クレール・ベレスト、ベレスト一家、ディアン・ブレット、バスティアン・ベルニーニ、ファトゥ・ビラマ、ポール=アンリ・ビゾン、オダラ・カルヴァーロ、キャロル・クレティエノ（カフェ・ド・フロール）、ジャンヌ・ダマス、ジュリアン・ドゥラジュ、シャルロット・ドラリュ、エマニュエル・ドゥラヴェンヌ（オテル・アムール）、エマニュエル・デュクルノ、クレモンティーヌ・ゴルドザル、カミーユ・ゴラン、セバスティアン・ハース、ギヨム・アラード、マーク・ホルゲート、セドリック・ジメネス、ジーナ・ジメネス、ティナ・カ、ニーナ・クライン、ペイ・ロイ・コエイ、ベルトラン・ド・ランジェロン、マグダレナ・ラヴニチャック、フランソワーズ・レーマン、ピエール・ル・ニイ、テア・ランデル、ピーター・ランデル、サイフ・マーディ、メグレ一家、ガエル・マンチーナ、ステファン・マネル、テッサ・マネル、ジュール・マス、マルティーン・マス、マス一家、ジャン=フィリップ・モロー、ロクサナ・ナディム、クロエ・ナタフ、ファトゥ・エンディエ、アンヌ・ソフィー・ネラン、ニコラ・ネラン、ネクスト・マネージメント・チーム、プリシル・ドルジェヴァル、エリック・フランダー、アントン・プポー、ヤロル・プポー、シャルロット・プトレル、エルサ・ラコトソン、ジェラール・ランベール、ジョアキム・ロンサン、クリスチャン・ド・ロスネイ、グザヴィエ・ド・ロスネイ、マルティーヌ・サーダ、コロンブ・シュネック、ヴィクトール・サント・マカリー、ジュリエット・セドゥ、ソニア・シエフ、ダヴィド・スファン、サマンサ・テイラー・ピケット、パスカル・テセラ、ロドリゴ・テセラ、エルベ・テミンム、トムセン　パリ、アンナ・トージマン、エミリー・ウルバンスキー、ジャン・ヴェドレイヌ（ル・マンサール）、カミーユ・ヴィッツァヴォーナ、ヴィルジニー・ヴィアール、オード・ウォルカー、マチルド・ワールニエ、アデル・ウィズメス、レベッカ・ズロトヴスキ。

Credits

12	© Annemarieke Van Drimmelen
	Model: Caroline de Maigret
15	© Caroline de Maigret
	Model: Sonia Sieff
19	© Stéphane Manel
20	© Imagno/Getty Images
21	© Bettmann/CORBIS
22	© Sunset Boulevard/Corbis
23	© Photo by GAB Archive/Redferns/Getty Images
25	© Caroline de Maigret
	Models: Anne Berest and Bastien Bernini
30	© Anne Berest
32	© Caroline de Maigret
35	© Caroline de Maigret
36	© SuperStock/Corbis
37	Katharine Hepburn ©Bettmann/Corbis
39	© Caroline de Maigret
43	© Caroline de Maigret
	Model: Fatou N'Diaye
49	© Caroline de Maigret
	Model: Camille Gorin
51	© Caroline de Maigret
52	© So-Me
59	© Caroline de Maigret
60	© Caroline de Maigret
	Model: Caroline de Maigret
64	© Johan Lindeberg for BLK DNM
	Models: Caroline de Maigret and Yarol Poupaud
65	© Johan Lindeberg for BLK DNM
	Models: Caroline de Maigret and Yarol Poupaud

67	© Caroline de Maigret
76	© Stéphane Manel
77	© Stéphane Manel
78	© Stéphane Manel
78	© Stéphane Manel
79	© Stéphane Manel
80	© Caroline de Maigret
	Model: Fatou N'Diaye
82	© Caroline de Maigret
	Model: Sonia Sieff
87	© Caroline de Maigret
91	© Caroline de Maigret
	Model: Sophie Mas
93	© Johan Lindeberg for BLK DNM
	Model: Caroline de Maigret
94	© So-Me
99	© Caroline de Maigret
	Model: Sonia Sieff
100	© Caroline de Maigret
103	© Stéphane Manel
105	© Caroline de Maigret
	Model: Audrey Diwan
108	© Caroline de Maigret
111	© CORBIS
112	© Caroline de Maigret
	Model: Mathilde Warnier
115	Charlotte Rampling © Richard Melloul/Sygma/Corbis
116	© Caroline de Maigret
119	© Stéphane Manel
	Model: Anne Berest

121 © Stéphane Manel
Model: Anne Berest
123 © Caroline de Maigret
Models: Anne Berest and Claire Berest
125 © Caroline de Maigret
Model: Mathilde Warnier
127 © Michel Artault/Gamma-Rapho via Getty Images
128 © Guy Le Querrec/Magnum Photos
129 Arthur Miller, Simone Signoret, Marilyn Monroe, Yves Montand
© John Bryson/Sygma/Corbis
131 © Yarol Poupaud
Model: Caroline de Maigret
135 © Annemarieke Van Drimmelen
Model: Caroline de Maigret
137 © Caroline de Maigret
138 © Caroline de Maigret
Model: Anne Berest
140 © So-Me
145 © Stéphane Manel
Model: Stéphane Manel
146 © Caroline de Maigret
148 © Sophie Mas
Model: Sophie Mas
148 © Sophie Mas
Model: Sophie Mas
148 © Sophie Mas
Model: Sophie Mas
150 © Sophie Mas
Model: Sophie Mas
150 © Sophie Mas
Model: Sophie Mas

150	© Sophie Mas
	Model: Sophie Mas
150	© Sophie Mas
	Model: Sophie Mas
155	© Annemarieke Van Drimmelen
	Model: Caroline de Maigret
157	© Douglas Kirkland/Sygma/Corbis
159	© Jean-Baptiste Mondino
	Model: Caroline de Maigret
163	© Caroline de Maigret
	Model: Sophie Mas
169	© Caroline de Maigret
171	© Annemarieke Van Drimmelen
	Model: Caroline de Maigret
172	© Caroline de Maigret
	Models: Mathilde Warnier
	Fatou N'Diaye
	Alix Thomsen
174	© Caroline de Maigret
176	Charlotte Rampling with son Barnaby © Alain Dejean/Sygma/Corbis
183	© Caroline de Maigret
184	© Johan Lindeberg for BLK DNM
	Model: Caroline de Maigret
185	© Johan Lindeberg for BLK DNM
	Model: Caroline de Maigret
186	© So-Me
191	© Yarol Poupaud
	Models: Caroline de Maigret and Anton Poupaud
192	© Caroline de Maigret
195	© Caroline de Maigret

197	© Caroline de Maigret
198	© Caroline de Maigret
199	© Caroline de Maigret
200	© Caroline de Maigret
203	© Caroline de Maigret
205	© Sara Nataf
	Model: Jeanne Damas
210	© Caroline de Maigret
212	© Caroline de Maigret
214	© Caroline de Maigret
	Model: Jules Mas
216	© Caroline de Maigret
219	© Caroline de Maigret
	Model: Adèle Wismes
222	© Caroline de Maigret
225	© Caroline de Maigret
229	© Yarol Poupaud
	Model: Caroline de Maigret
233	© Caroline de Maigret
236	© So-Me
239	© Olivier Garros
	Model: Martine Mas
266	© Francesca Mantovani

Caroline, Anne, Sophie, and Audrey

カロリーヌ、アンヌ、ソフィ、オドレイ

著者紹介

カロリーヌ・ド・メグレ

ソルボンヌで文学を学んだのち、ニューヨークにわたりモデルとして活躍。2006年にパリに戻り、音楽レーベルを設立。2012年からシャネルのアンバサダーを務めるほか、貧困の女性の自立を手助けするNGO「CARE」の活動を支援している。2014年、ランコムのミューズに就任。

アンヌ・ベレスト

作家。2作の小説のほか、2014年にはフランソワーズ・サガンの伝記 Sagan 1954 を発表。テレビや映画、舞台の脚本も手がける。

オドレイ・ディワン

ジャーナリズムと政治学を学んだのち、脚本家に。ジャン・デュジャルダン主演、セドリック・ジメネス監督の映画 La French（2014年12月フランス公開）の脚本を手がけている。初監督作品が近日公開予定。また、「スタイリスト」誌のエディター・アット・ラージを務める。

ソフィ・マス

パリ政治学院とHEC経営大学院修了後、映画会社を設立。現在は、ロサンゼルス、ニューヨーク、サンパウロを拠点に映画プロデューサーとして活躍している。

パリジェンヌのつくりかた

2014年11月20日　初版印刷
2014年11月25日　初版発行

著者　　カロリーヌ・ド・メグレ，アンヌ・ベレスト，
　　　　オドレイ・ディワン，ソフィ・マス
訳者　　古谷《ふるや》ゆう子《こ》
発行者　早川　浩
印刷所　株式会社精興社
製本所　大口製本印刷株式会社
発行所　株式会社　早川書房

郵便番号　101-0046
東京都千代田区神田多町2-2
電話　03-3252-3111（大代表）
振替　00160-3-47799
http://www.hayakawa-online.co.jp

ISBN978-4-15-209505-3 C0098
定価はカバーに表示してあります。
Printed and bound in Japan